반야심경통석

般若心經通釋

중국 왕은양 거사 원저
한국 방외사 원조각성 초역
제안용하 · 오중철 거사 편역

일러두기

　본서는　중국　〈왕은양선생논집王恩洋先生論集〉에　수록된 〈반야심경통석〉(원문)과 한국 원조각성 스님의 〈원조환유록〉에 수록된 〈반야심경통석〉(부분 번역본)을 저본으로 하여 편역한 것입니다.

귀경게 歸敬偈

그 행위가 모든 세간에 이익을 주는 성자(聖者),
부사의(不思議)한 힘을 지닌
최상의 도사(導師)에게 귀의(歸依)합니다.

그 행이 구족(具足)하면서도
출가하여 무상(無上)의 깨달음을 얻은
성자가 공경하는
최상의 법(法)에 귀의합니다.

계율행(戒律行)의 공덕을 갖추고
네 가지 과위(四果位)에 이르며
무상의 복전이 되는
성스러운 승가(僧伽)에 귀의합니다.

이 세 가지 보배에 귀의함으로
복이 생기고 그 위력에 의하여
모든 장애는 끊어졌습니다.

차   례

성性과 상相을 원융한 불법佛法의 통론通論

원저자 서문[1]

민국 33년(1944년) 겨울에, 중경불학사에서 반야심경 강의를 청하기에, 전체적인 뜻을 추려 일주일간 강연을 하였다. 청중의 학문적 열기가 워낙 뜨거우니, 강의를 오래 하여도 전혀 피로감이 깃들지 않았다. 겁화(劫火)가 천하를 불사를 때, 때맞춰 내리는 단비가 온 땅을 감로로 적시듯, 한바탕 꿈같은 허망하고 전도된 인생에, 깨달음이 나침반 되어 한발 한발 정진할 수 있게 하니, 우리 부처님의 중생에 대한 자비와 정성은 부사의(不思議)라 감히 헤아릴 수 없다. 강연 법회를 위해서 동자균, 마여운, 장무근, 서차범, 요원청, 왕학명, 한신재 등 여러 선생들이 힘써 주셨다. 특히 한신재 군의 헌신적인 노고가 많은 도움이 되었다. 이 자리를 빌어 여러분께 감사를 드린다.

난야에 돌아와서 강의 자료에 주석을 더하고, 강의에서 못다한 세부내용을 살리고 설명을 덧붙였다. 그리하여 마침내 그 결과물을 따로이 인쇄물로 간행할

---

1) 본 서문은 원문에서는 글의 말미에 후기 식으로 기술한 내용이지만, 여기서는 앞으로 내어서 서문으로 삼았다.

수 있었으니, 이를 위해 힘써 주신 종경 스님께 감사를 드린다.

감히 자평을 하건대, 이 통석(通釋)은 삼승(三乘)에 회통하고, 성(性)과 상(相)을 원용하였으며, 본말과 시종이 일관하고 어긋남이 없다. 그러므로 이 책은 비단 반야심경의 통석일 뿐 아니라, 가히 불법(佛法)의 통론(通論)으로 적합하다 하겠다. 반야심경은 반야의 마음을 위한 경전이니, 이 통석 역시 불법의 마음을 담은 것이라 할 것이다. 이 책을 지침 삼아, 정진하여 불법을 닦기를 권한다. 배움의 바다는 끝이 없으나, 행이라는 나루터가 있어 바다로 인도하는 법이다[學無望洋行有津梁].

책의 완성을 위해 양순 거사님이 흔쾌히 시주해 주셔서 화엄각경처에서 초판을 발행하였다. 열악한 우편(郵便) 환경 등 배포상의 어려움으로 인하여 이제 본 연구원에서 재간행을 하게 되었는 바, 불법을 공부하시는 여러분들께 널리 읽히기를 기원한다.

1946년 11월 동방문교연구원에서
왕은양 서

유식학과 반야·열반사상을 회통한 '심경통석'

부처님 말씀을 담은 경전 중에 대중들에게 가장 잘 알려진 경전은 무엇인가? 아마도 불자라면 한결같이 단 하나의 경전을 꼽을 것이니, 바로 우리가 법회나 의식을 할 때, 항상 독송하는 〈반야심경(般若心經)〉입니다. 심지어 불자가 아닐지라도 "색즉시공 공즉시색"한 경구 쯤은 자연스럽게 읊조릴 정도니, 반야심경의 파급력을 가늠할 수 있습니다.

반야심경이 이토록 널리 독송되고 회자되는 이유는, 먼저 내용상 어느 경전과도 비교할 수 없는 간결함에 있다 하겠습니다. 260개의 한자어로 구성된 경문은 이삼 분이면 충분히 일독할 수 있는 분량이니, 누구라도 시간적 부감을 갖지 않습니다.

그러나 반야심경이 널리 애독되는 이유는 무엇보다도 그 간결한 내용 안에 대승불교의 정수를 완전하게 담아내고 있기 때문입니다. 경의 완전한 이름은 '마하반야바라밀다심경(摩訶般若波羅蜜多心經)'이니, 곧 대승의 지혜로 해탈의 경지로 나아가는 경전임을 말합니다. 여기서 '심경(心經)'이라 함은 이 경이 대승 지혜의 요체를 담은 핵심이자 모든 반야부 경전의 중심이란 뜻입니다. 그러므로 우리가 매번 의식을 진행하면서 반야심경을 독송할 때마다, 위 없이 수승한 선지식의 공덕을 쌓아가고 있음을 깨달아야 할 것입니다.

그러나 안타깝게도 보통 대중들이 이 귀한 부처님 말씀의 요체를 독송하면서, 그 뜻을 제대로 인지하지 못하고 무의식적으로 행하는 경우가 많습니다. 그 이유는 첫째, 260자로 축약된, 그것도 한자어로 구성된 경문(經文)을 단박에 이해하기란 쉬운 일이 아니기 때문이니, 이것은 형식의 어려움입니다. 둘째, 본 〈반야심경통석〉의 저자인 왕은양 거사도 언급했듯이, "그 법이 간결하고 심오하기 때문에 불법(佛法) 전체에 관한 자초지종의 모든 내용을 두루 통달하지 못하면 그 진리를 알기가 어려움"이 있으니, 이것은 그 뜻의 어려움입니다. 심지어 자의적인 어림짐작으로 그 뜻을 해석하고 판단하려 하다 보면, "자칫하면 그릇된 견해에 사로잡혀 딴 길을 헤매기 쉬우니", 이는 애초에 그 뜻을 참구하지 않는 것보다 더 해악이 크다 하겠습니다.

이렇듯 반야심경은 함축적인 만큼 그 뜻을 공부함에 난해함도 함께합니다. 그러나 역으로 보자면, 올바른 지도를 따라서 반야심경을 제대로 공부하기만 한다

면, 반야심경이야말로 부처님의 지혜로 안내하는 최상
의 지름길이라 할 수 있습니다.

　반야심경이 널리 유통되고 독송된 만큼, 역대의 고
승·대덕과 학자들이 수많은 주석서를 편찬하였습니
다. 그 중에 우리가 이번에 반야심경 공부의 지침으로
삼으려는 저서는 근대 중국 최고의 불교학자 중 한
분인 왕은양(王恩洋)이 저술한 〈반야심경통석般若心經
通釋〉입니다. 왕은양은 중국 사천성(四川省) 남충(南充)
출신으로 불교 뿐 아니라, 유교와 도교 등 각종 학문
에 두루 통달하였습니다. 특히 불교에 있어 유식학에
정통하고 다시 반야사상과 열반사상에 회통함으로서
완성되고 균형 잡힌 선지식에 도달하였다고 평가받습
니다.

　왕은양의 〈반야심경통석〉은 반야심경에서 언급된
제반 대승사상의 개념들을 체계적으로 설명하고 있습
니다. 먼저, 세간의 실상이 괴로움, 업, 미혹에 지나지
않음을 설명하고, 그러한 번뇌의 반연으로부터 해탈하
기 위해 부처님께서 선설하셨던 오온, 십이처, 십팔계,
십이연기, 사성제의 개념을 하나하나 설명하고 있습니
다. 그 설명의 방식이 평이하고 원만하여 누구라도 이
해하기 쉽게 구성하였으니, 통석의 강의를 차근히 따
라가다 보면, 어려운 한자와 함축된 경문 속에서 마치

암호와 같고 암흑과 같이 가려졌던 대승의 큰 지혜가 하나하나 빛을 발할 것입니다.

이 시대 최고의 강백이신 각성 큰스님께서는 일찍이 이 책의 가치를 알아보시고 번역을 하신 바 있습니다.[2] 그때 스님은 왕은양 거사의 통석 중 불교사상의 대강을 정리한 전반부에 비중을 두시어 전반부만 번역을 하시고 후반부에 해당하는 경문 주석부분은 생략을 하셨습니다. 그러나 왕은양 거사 스스로도 자신하였듯이 후반부의 경문 주석부 역시 반야심경 공부뿐 아니라 불교사상 전체의 공부를 위해서 아주 가치있는 내용을 담고 있으며, 통론에 해당하는 전반부와 짝을 이뤄 시종·본말을 이루고 있습니다.

이런 이유로 차제에 각성 큰스님의 애초의 취지를 이어받아, 감히 후반의 경문 주석부를 번역 작업을 진행하였고, 마침내 원저의 완성된 역본을 출판하게 되었습니다. 본 역서를 위해 초석을 닦아주시고 또 흔쾌히 제자에게 마무리의 자리를 내어주신 각성 큰스님께 감사의 말씀을 전합니다.

편역과정에서 본래 원저에는 없었지만, 원저자의 뜻 내에서 나름의 목차를 뽑아내고, 전체적인 짜임새를 보다 더 일목요연하게 정리하였습니다. 아울러 불

2) 각성 큰스님의 번역문은 스님의 논문집인 〈원조환유록〉(현음사, 2016년)에 수록되어 있습니다.

가피하게 봉착하게 되는 난해한 용어 및 문구에 대한 주석을 덧붙여, 초학의 독자들에게 조금이나마 이해에 도움이 되고자 노력하였습니다.

　　우리가 일상에서 그토록 자주, 쉽게 접하고 독송하는 경문의 가르침을 올바로 배우고, 매번 독송할 때마다 그 뜻을 곱씹고 성찰한다면, 그야말로 우리 중생이 결정코 열반에 이르는 길을 얻게 될 것이니(아제아제 바라아제 바라승아제 보리사바하), 이것이 바로 우리가 금번에 〈반야심경통석〉을 공부하는 목적입니다.

경자년 남청산 난야에서

제안 용하 합장

보고 듣고 아는 데 막힘이 없어
소리 · 냄새 · 맛 · 감촉이 언제나 삼매.
새가 그저 허공에 날아다닐 뿐
취함 · 버림, 미움 · 사랑 없음과 같네.
응하는 자리마다 본래 무심을 비로소 관자재라 이름하리라.
－사공본정 司空本淨 선사

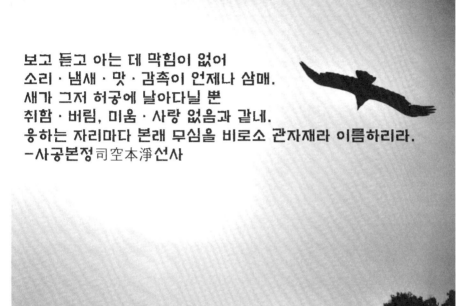

반야심경과 불교 핵심사상을 공부하는 지침서

　탄허 큰스님께서 말씀하시길, "요의경(了義經)에 의지하고 불요의경(不了義經)에 의지하지 말라" 하셨고, 각성 큰스님은 말씀하시길, "본래 한 글자도 없으나 항상 광명을 놓는 그러한 경(經)을 읽어야 한다" 하셨습니다. 〈반야심경〉의 본 명칭은 〈마하반야바라밀다심경摩訶般若波羅蜜多心經〉으로, 곧 '지혜의 빛에 의해서 열반의 완성된 경지에 이르는 핵심 경전'이란 뜻입니다. 불과 260자로 이루어진 경전에 관세음보살님이 이루신 대승의 지혜를 함축하고 있으니 〈반야심경〉이야 말로 기필코 우리 중생이 의지해야 할 요의경이자, 스스로 광명을 놓는 경전이라 하겠습니다.

　필자는 일찌기 용하 스님의 지도 아래 〈능엄경〉을 공부한 적이 있습니다. 〈능엄경〉은 '차돌경전' 또는 '소화엄'이라 불릴만큼 완벽한 짜임새로 방대한 대승 교리를 선설하신 경전인 바, 승단의 강원에서도 전통적으로 필수 교과과목으로 선정되어 왔습니다. 필자는 이 〈능엄경〉을 통해서 비로소 불교사상의 기본적 얼개에 눈을 뜰 수 있었는데, 이번에 용하 스님이 강의하실 〈반야심경통석〉을 보니 자연스럽게 〈능엄경〉이

떠올랐습니다. 10권으로 구성된 〈능엄경〉에서 배웠던 오(悟)와 수(修)의 방편이 불과 수십 쪽에 불과한 〈반야심경통석〉 안에 모두 적확히 담겨 있었기 때문입니다.

〈반야심경통석〉의 저자 왕은양은 20세기 중국 불교학을 대표하는 대학자로, 특히 유식학에 정통하여 〈섭대승론소〉, 〈유식론소〉, 〈아비달마잡집론소〉, 〈유식통론〉, 〈팔식규구송석〉, 〈불학통론〉 등의 저서를 남겼습니다.

처음 양은양 선생의 〈통석〉을 접하고 반가운 마음이 들었던 것은 어찌보면 개인적 이력에 기인한 것입니다. 필자는 사천성 성도(成都)에서 근 십년간 불교고고미술 연구에 매진하여 왔는데, 그런만큼 저자와 〈통석〉에 남다른 애정이 가는 것은 사실입니다. 그러나 명심해야 할 것은 왕은양이 태어나고 활동했던 사천이란 곳은 본래 오래부터 도교의 발원지이자 중국불교의 성지로 유명하였고, 또 비록 중국대륙에서도 서남쪽의 변두리 지역에 자리하고 있지만, 한국불교와도 인연이 깊은 곳이란 점입니다. 바로 이곳에서 한국불교의 선맥에 지대한 영향을 준 마조 도일, 규봉 종밀이 나고 수학하고 수행하였으며, 더 나아가 그들의 스승이자 중국 선종의 형성 과정에서 결정적 역할을 하였던 신라국 무상선사가 법력을 펼치셨습니다. 이러한 맥락을 짚어보니, 오늘날 우리 한국의 불자들과 왕은양의 〈반야심경통석〉의 만남은 남다른 인연이라 하겠습니다.

사천불교의 특징은 한 음절의 발성으로 염불하고 동시에 그것을 스스로 관함[인성염불引聲念佛]으로 수행 방편을 삼은 무상선사의 경우와 같습니다. 즉 현실의 생활 속에서 깨달음을 추구하는 것이고, 대중들이 쉽게 다가갈 수 있는 불교의 방편을 모색하는 것입니다. 이제 〈반야심경통석〉을 보니, 그와 같은 사천불교의 전통을 여실히 견지한 주석서임을 알 수 있습니다. 책에는 반야심경의 대의를 밝히는 핵심 주제들을 빠짐없이 언급하고 있지만, 그 뜻을 설명함에 있어서는 일말의 현학적인 난해함이 깃들지 않았습니다. 독자 여러분이 만약 똑같은 주제들을 용수보살의 〈중론中論〉을 통해 공부를 하게 된다면, 아마도 많은 분들이 개념과 논리전개의 난해함에 부딪혀 깊은 절망감에 빠져들게 될 것입니다. 왕은양의 〈반야심경통석〉은 평이함 속에서도 그 사상적 체계가 완벽하니, 이 책은 비단 〈반야심경〉 이해를 위한 지침서일 뿐 아니라, 그 자체로 불교 핵심사상을 공부하는 훌륭한 교과서가 됩니다. 중국 불교계에서 왕은양을 두고 말한 "도속(道俗)을 가리지 않고 대중들을 구경(究竟)으로 이끈다"라는 평가는 바로 이런 맥락에서 나온 것입니다.

왕은양은 청나라 말기에 태어나서 민국시절(장개석의 국민당 집권기)을 거쳐 공산화된 중국에서 생을 마쳤습니다. 그토록 대변혁의 시기를 수차례 겪으면서도, 그의 사상적 입장에는 조금도 시류에 따른 흔들림이 없었습니다. 그 예는 〈통석〉의 본문에서도 확인할 수 있으니,

"부처님은 세간의 십이연기를 말씀하시어 모두 주재(主宰)가 없다고 하셨으니, 그러므로 신(神)이 창조한 것이 아니다. 무명(無明)이 행(行)을 인연하고 행(行)은 식(識) 따위를 인연하여 차례로 내심(內心)에 의하여 발전한 것이라고 하였으니, 그러므로 유물(唯物)로 된 것이 아니고, 또한 기화(氣化)도 아니다."

사상적 경화가 심각했던 당시 중국사회의 시대적 풍조 속에서, 학술적 균형을 잃지 않고 진리를 견지하였음을 단적으로 보여주는 대목입니다. 각성 큰스님이 그 많은 반야심경의 주석서 중에 이 책을 택하여 번역하고 또 용하 스님이 이 책을 강의의 교재로 선정한 이유는, 바로 이러한 균형성과 실사구시의 정신이 담긴 본 저서가 반야심경을 위한 최고의 안내서가 될 것이란 확신에서일 것입니다.

바라건대, 동해불교대학 불자님들은 용하 강백스님과 함께 이 책을 공부하시고, 그를 통해 〈반야심경〉의

참뜻을 이해하고, 대승의 큰지혜를 얻으시길 기원합니
다.

　※ 이 글은 본래 용하 스님이 동해불교대학에서
〈반야심경통석〉 강의를 위해 편찬하신 교재에 추천사
로 게재하였던 내용입니다. 이제 영광스럽게도 용하스
님의 반야심경통석 완역 작업에 동참하게 되었기에,
이 글을 편역자 서문을 대신하여 올립니다.
　추서하자면, 이번 편역불사 과정에서, 단지 소소한
잔일을 보태고, 오히려 크디큰 반야의 가르침을 얻게
되었으니, 그저 귀한 인연을 만들어 주신 용하 스님의
배려에 한없는 감사의 마음을 전해드립니다.
　나무아미타불

중국 사천성 사천대학교 고고미술사 박사

오중철 합장

舍利子
是諸法空相
不生不滅
不垢不淨
不增不減

사리자야, 제법의 공상法空은
나지도 멸하지도 않으며
더럽지도 깨끗하지도 않으며
늘어나지도 줄어들지도 않는다
 − 반야심경

佛説摩訶般若波羅蜜多心経

観自在菩薩行深般若波羅蜜多時照見五蘊皆空度一切苦厄舍利子色不異空空不異色色即是空空即是色受想行識亦復如是舍利子是諸法空相不生不滅不垢不浄不增不減是故空中無色無受想行識無眼耳鼻舌身意無色声香味触法無眼界乃至無意識界無無明亦無無明尽乃至無老死亦無老死尽無苦集滅道無智亦無得以無所得故菩提薩埵依般若波羅蜜多故心無罣礙無罣礙故無有恐怖遠離一切顛倒夢想究竟涅槃三世諸仏依般若波羅蜜多故得阿耨多羅三藐三菩提故知般若波羅蜜多是大神咒是大明咒是無上咒是無等等咒能除一切苦真実不虚故説般若波羅蜜多咒即説咒曰揭諦揭諦波羅揭諦波羅僧揭諦菩提薩婆訶般若心経

반야바라밀다심경 般若波羅蜜多心經

당(唐) 삼장법사(三藏法師) 현장(玄奘) 한역

관자재보살 행심반야바라밀다시,
조견오온개공 도일체고액

觀自在菩薩行深般若波羅蜜多時,
照見五蘊皆空, 度一切苦厄。

사리자!
색불이공 공불이색; 색즉시공 공즉시색;
수상행식 역부여시

舍利子!
色不異空, 空不異色; 色卽是空, 空卽是色.
受、想、行、識 , 亦復如是.

사리자!
시제법공상 불생불멸 불구부정 부증불감.
시고, 공중무색 무수상행식;
무안이비설신의; 무색성향미촉법;
무안계, 내지무의식계;
무무명역무무명진, 내지무노사역무노사진;
무고집멸도; 무지, 역무득, 이무소득고.

舍利子!
是諸法空相, 不生不滅, 不垢不淨, 不增不減.
是故, 空中無色, 無受、想、行、識;
無眼、耳、鼻、舌、身、意; 無色、聲、香、味、觸、法;
無眼界, 乃至無意識界;
無無明亦無無明盡, 乃至無老死亦無老死盡;
無苦、集、滅、道; 無智, 亦無得, 以無所得故.

보리살타의반야바라밀다고, 심무가애;
무가애고 무유공포, 원리전도몽상, 구경열반.
삼세제불 의반야바라밀다고, 득아뇩다라삼먁삼보리.
菩提薩埵依般若波羅蜜多故, 心無罣㝵;
無罣㝵故, 無有恐怖, 遠離顚倒夢想, 究竟涅槃.
三世諸佛依般若波羅蜜多故, 得阿耨多羅三藐三菩提.

고지, 반야바라밀다
시대신주, 시대명주, 시무상주, 시무등등주,
능제일체고, 진실불허.
고설반야바라밀다주, 즉설주왈:

故知, 般若波羅蜜多
是大神呪, 是大明呪, 是無上呪, 是無等等呪,
能除一切苦眞實不虛,
故說般若波羅蜜多呪, 卽說呪曰:

"아제 아제 바라아제 바라승아제 모지 사바하"
"揭帝 揭帝 般羅揭帝 般羅僧揭帝 菩提僧莎訶"

제1부 통론부通論部

제1장 서설序說

　반야심경(般若心經)은 육백부(부처님께서 선설하신 대반야부 경전 600권)의 정요(精要)로서, 그 중심·핵심을 이룬 것이 마치 사람의 심장이 혈맥의 총본영인 것과 같다는 의미에서 심경(心經)이라고 한 것이다.

　이 경(經)은 간결하게 만법의 체공(體空; 자체가 비어서 공함)을 밝히고 일심(一心)의 최상 진리인 공적영지(空寂靈知)를 잘 말해 주었다.

　그러나 그 법(法)이 간결하고 심오하기 때문에 부처님 법 전체에 관한 자초지종의 모든 내용을 두루 통달하지 못하면 그 심오한 진리를 알기가 어렵고, 자칫하면 그릇된 견해가 잡출(雜出)하여 딴 길을 헤매기 쉬울 것이다.

　그러므로 여기서 그 원류(源流)를 따라 소급하여 세간도품(世間道品; 혹(惑) 업(業) 고(苦) 온(蘊) 처(處) 계(界)) 등과 출세간도품(出世間道品; 십이인연(十二因緣) 사제(四諦) 삼십칠도품(三十七道品)) 등인 부처님 가르침의 전반을 개관적으로 통론(通論)한다.

제2장 세간世間의 진상眞相

제1절 고苦

무엇을 부처님 법이라 하는가?

불법(佛法)이란 세간을 탐구하여 완전한 해결을 부여해 주는 법이다. 즉, 만법의 진상을 깨달아 몸과 마음의 자유로운 해탈(解脫)을 얻게 하는 최상의 법이다.

삼계(三界)의 중생과 그들이 의지하고 있는 육근(六根), 일신(一身), 기계(器界; 천지, 산하, 세계 등등)를 통틀어 세간(世間)이라고 말하는데, 그것들의 진상(眞相)을 부처님은 어떻게 말씀하셨던가?

"세간의 진상은 괴로움으로 이루어졌다"고 하셨다.
이른바 괴로움이란,
"태어나서 사는 괴로움[生苦],
늙는 괴로움[老苦],
병드는 괴로움[病苦],
죽는 괴로움[死苦]과,
원한이 맺힌 괴로움[怨憎會苦],
사랑을 이별하는 괴로움[愛別離苦],
뜻을 이루지 못한 괴로움[求不得苦],

  온갖 무상한 오취온(五取蘊; 육체와 정신)**의 괴로움"**
등이니, 이 여덟 가지 괴로움[八苦]이 세상의 모든 괴
로움을 포섭한다.

① 태어나서 사는 것이 어째서 괴로움이냐?

핍박(逼迫)하기 때문에 괴로움이다.

태중(胎中)에서는 어머니의 뜨거운 생장(生藏)과 숙
장(熟藏)의 핍박을 받았고, 출태(出胎)하면 한열(寒熱)
의 핍박이 따른다.

땅에 떨어지자 응애응애하며 울부짖고 말 못하는
심정을 울음으로써 하소연하며, 어쩌다 난산(難産)되거
나 재수가 없으면 모자가 모두가 생명을 잃기도 한다.
만일 무사히 분반하였더라도 한평생 사는 동안에도 그
괴로움을 이루 다 말할 수 없다.

② 늙는 것이 어째서 괴로움이냐?

쇠퇴(衰退)하기 때문에 괴로움이다.

늙음으로 인하여 기운이 떨어지고 귀와 눈이 어두
워지고 치아가 빠지며 팔다리가 떨리고 호흡이 가쁘며
안색이 쭈그러진다. 어느새 청춘이 백발로 변하여 꽃
과 달보다 더 곱던 얼굴이 어느새 볼품없게 검고 거
치른 살결에 주름살만 수두룩하다. 기력이 없는 탓으
로 지팡이와 사람에게 의지하여 도움을 청할 뿐 지탱
할 힘이 없고 모든 것이 마음대로 되지 않아 쇠퇴한

말로(末路)에서 방황하는 신세이다.

③ 병(病)드는 것이 어째서 괴로움이냐?

아프기 때문에 괴로움이다.

사대(四大)가 고르지 못하고 한열(寒熱)이 엄습하며 몸 안의 오장장부와 바깥의 사지와 관절이이 손상되어 몹시 고통스러우며, 혹은 지나치게 허약하여 먹을 수도 없고 견딜 수도 없어서 이른바 "살아도 죽으것만 못하고, 천가지 만가지 온통 고되고 괴롭다[生不如死千辛萬苦]"하니, 그 참담한 정경은 이루 다 말할 수 없다.

④ 죽는 것이 어째서 괴로움이냐?

무너지기 때문에 괴로움이다.

가장 소중히 여겼던 몸을 하루아침에 잃게 되고, 아주 애착했던 집을 영원히 이별하여 종신토록 애썼던 공(功)이 하룻밤에 허무하게 사라진다. 공수래공수거(空手來空手去)를 미리 생각해 보았던가? 최후 찰나에 전개되는 모든 업(業)만이 그를 묶는 쇠사슬로 변한다. 마지막으로 숨을 거둘 때가 생의 끝장인 동시에 가장 큰 고통이다.

⑤ 원한(怨恨) 맺힌 것이 어째서 괴로움이냐?

서로 해치기 때문에 괴로움이다.

혹은 돈과 권세와 재산 때문에 그 원한이 골육간(骨肉間)에 생기기도 하고 혹은 사랑과 증오로 인하여 그 화가 이부자리에서 일어나기도 한다.

혐오와 원수, 갈등과 모해, 의심과 시기, 송사(訟事)와 구타 등이 가지각색으로 다기다양(多歧多樣)하다. 원수와 빚쟁이를 외나무다리와 좁은 길에서 만나 주먹과 단병(短兵)으로 치고받거나 칼과 총으로 가슴을 찌르고 쏘아서 혈육이 낭자하고 살기가 충천하다.

⑥ 사랑을 이별하는 것이 어째서 괴로움이냐?

지극히 슬프기 때문에 괴로움이다.

부모는 사랑하고 자녀는 효도하며, 형은 우애하고 아우는 공경하며, 부부는 화합하고 벗은 신의롭거늘, 만일 서로 죽어 이별하거나 살아 이별한다면 그 쓰라린 슬픈 마음은 이루 다 말할 수 없다.

그러므로 고아, 홀아비, 과부, 노인이 의지할 데가 없어서 그 딱한 심정은 기가 막혀 죽을 지경이다. 혹은 뜻밖에 화를 당해 나라와 집이 파탄나고 형제자매가 흩어지며 부모나 처자와도 헤어져서, 강호에서 떠돌고 산악에 가로막혀 의지할 데가 없는 신세이니 신혼(神魂)은 서글프기만 하다.

⑦ 뜻을 이루지 못한 것이 어째서 괴로움이냐?

오뇌(懊惱)하기 때문에 괴로움이다.

인생으로서 누구나 욕구(慾求)가 있지만, 그 욕구를 다 얻지 못하고 얻었더라도 잃어버리지 않는다는 보장이 없다. 그러므로 얻으려고 근심하거나 잃을까 두려워하는 마음이 있게 마련이다. 재물을 얻지 못한 이는 춥고 배고프고 피로한 고통[飢寒困苦]에 시달려 생활이 매우 어려우며, 명리(名利)를 얻지 못한 이는 부끄럽고 괴로워서 온 천지에 발버둥친다. 권세를 얻지 못한 이는 초라하고 풀이 죽어서 넋을 잃고 여기저기 헤매며, 위력을 얻지 못한 자는 패배하고 도망쳐서 변방에다 뼈를 묻게 된다.

옛말에 "탐인(貪人)은 재물에 죽고, 열사(烈士)는 명예에 죽으며, 아첨한 이는 권세에 죽고, 서민은 생활에만 의존한다" 하였으니 구함이 있는 곳에서 모두 그 몸을 망치고 만다.

⑧ 온갖 무상한 오취온(五取蘊) 그것이 어째서 괴로움이냐?

모든 고통의 의지처가 되기 때문에 괴로움이다.

물질(色), 느낌(受), 생각(想), 흘러감(行), 인식(識)을 오온(五蘊)이라고 말하나니 그것들이 모여서 몸을 형성하매 그 무상(無常)한 것으로 제 성품(自性)이 되었고, 위의 7가지 괴로움이 모두 여기에 의하였으며 유전하여 변하기만 하고 하나도 고정불변한 것이 없다.

도교(道敎)의 노자(老子)는 말하기를, "나에게 가장

큰 걱정이 있다면 나의 몸이 있는 그것뿐이니 나에게 몸이 없으면 무슨 걱정이 있겠느냐"라고 하였다. 곧 오취온(五趣蘊)이 온갖 괴로움의 근본임을 말하는 것이다.

모든 중생들이 태어남으로 말미암아 늙고 병들어서 종말에는 죽고 만다. 그 중간에 서로 원한을 맺고, 만나 사랑을 하고 은혜를 베풀다가도 결국 이별을 하게 되고, 무언가를 끊임없이 소망하고 갈구하나 결국 다 이루지 못하게 되니, 실로 이 모든 것들 가운데 괴로움 아닌 것이 없다.

위에서 말한 것은 인생의 통상적, 필연적 상태에 관해서 말했거니와, 만일 전쟁의 겁화(劫火)가 활활 타올라 육대주(六大洲)3)가 솥의 물이 끓듯이 살육(殺戮)이 만연하고 약탈이 심해진다면, 그 참상은 참으로 가공(可恐)하다. 한 발의 대포가 떨어지는 데에도 얼마만한 재산이 손실되는가? 불태우고 죽이는 것 외에도 멸망과 유리(流離)가 연달아 속출될 것이며, 죽은 이의 백골(白骨)을 거두지도 못하고 산 사람의 굶주림도 말할 수 없다.

상잔(傷殘)을 겪은 후에도 질병이 따라 생길 것이니 살아 있은들 무슨 낙(樂)이 있으며 죽은들 무슨 소용

---

3) 아시아, 아프리카, 유럽, 오세아니아, 남아메리카, 북아메리카. 여기서는 오대양(태평양, 북극해, 남극해, 인도양, 대서양)을 포함한 중생의 세계를 말한다.

이 있겠는가? 그야말로 "세계가 가시밭이요, 천지가 지옥이라"고 할 것이다. 그렇다면 모든 세간(世間)은 철처히 괴로움 뿐임을 알 수 있다.

문(問): 어떤 이는 묻는다. "중생들이 느끼고 받는 것이 고수(苦受; 불쾌감, 즉 괴로움 느낌)와 낙수(樂受; 쾌감, 즉 즐거움 느낌)와 사(捨受; 괴로움도 즐거움도 아닌 느낌)의 세 가지가 있으니, 고수(苦受)는 참으로 괴로운 것이나 낙수와 사수는 어찌 괴로움이라고 말하겠는가."

답(答): 그에 대한 의심(疑心)을 풀어주겠다. 당연히 삼수(三受)가 곧 삼고(三苦)임을 알아야 할 것이니. 즉 덧괴로움(고고苦苦; 즉 고수苦受)과 무너지는 괴로움(괴고壞苦; 즉 낙수樂受)과 변해지는 괴로움(행고行苦, 즉 사고捨苦)이 그것이다.

첫째, 덧괴로움[苦苦]이란 말 그대로 고통을 느끼고 받는 괴로움을 말하니, 그것이 곧 고수(苦受)이다. 괴로움 자체가 괴로움이 되니 덧괴로움이라고 하는 것이다.

둘째, 무너지는 괴로움[壞苦]이란 낙수(樂受)에 해당하는 것으로서 온갖 즐거움은 마침내 무너질 때가 있다. **쾌락이 더욱 많을수록 그것이 무너질 적에는 고통이 더욱 심하나니 옛말에 "낙(樂)이 극에 달하면 비애**

가 생기고[樂極生悲], 즐거움이 다하면 슬픈 심정이 많
다[歡樂極兮 哀情多]"고 하였다.

거창한 집도 무너지고 고관대작도 파직당하거나 쫓
겨나며 강성한 나라도 쇠망하여 아주 몰락하고 처량하
여, 그 광경이야말로 눈시울 적시고 심혼(心魂)을 뒤엎
어 한심하기 말할 수 없다. 그 무상한 것이 두려울 뿐
만 아니라 더욱 쓰라린 고통이 사람을 괴롭힌다. 한낮
이던 해도 저물어지며 화무십일홍(花無十日紅)이요 달
도 차면 기우나니, 무너지지 않는 향락이 어디 있으
랴. 그러므로 그 낙(樂)도 괴로움 아닌 것이 하나도
없다.

셋째, 변해지는 괴로움[行苦]이란 곧 사수(捨受)이
다. 사수 그것이 곧 고(苦)도 아니고 낙(樂)도 아니지
만, 고와 낙이 의지하는 바[所依]가 되나니 온갖 무상
한 오취온(五趣蘊; 오온, 즉 육체와 정신)의 괴로움이 바로
그것이다. 무상(無常)하기 때문에 괴로우니 그를 행고
라고 한다. 행(行)은 무상하고 변천하여 일정함이 없는
성질로 된 것이다.

낙수(樂受)와 사수(捨受)가 모두 괴로움인 것을 이미
알았으니 폐일언(蔽一言)하고 이 세상(世上)은 다 괴로
움인 것이 확실하다.

無緣大慈
同體大悲 될 때
새날이 온 것을
깨닫습니다

어느 스승이 제자에게 말했습니다.
"지나가다가 개가 날 보고 짖으면
'아! 나에게 아직 살생의 마음이 남아있구나'
하고 참회를 한단다.
개가 날 보고 공부가 덜 되었다고
나무라는 것으로 받아들이는 것이지.
한 중생을 해치면 시방세계의
모든 부처님이 슬퍼하시네."

"날이 밝아 밖을 내다보았을 때
지나가는 사람들이 모두 형제로 보이면
그때 비로소 새날이 온 것이니라."

阿彌陀佛

제2절 업業

위의 사실을 통하여 세간의 진실은 괴로움이라고 알았으니 다음에는 이 괴로움의 원인을 알아야 한다.

무엇 때문에 이 괴로움을 받게 되는가?
부처님은 "괴로움의 원인은 업(業)이라"고 말씀하셨다.

무엇을 업이라고 하는가? 중생들의 행위(行爲)가 바로 그것이다. 이 업(業)에는 세 가지가 있다.
첫째, 신업(身業; 몸의 행동)이요
둘째, 어업(語業; 말의 행동)이요
셋째, 의업(意業; 생각과 의지와 욕심)이다.
그와 같은 삼업(三業)이 서로 연관되어 상성(相成)하는데 생각과 의지와 욕심의 발동으로 인하여 그 다음에 언어와 행동이 있어서 그를 실현시킨다. 그 삼업으로 말미암아 농업(農業), 상업(商業), 공업(功業) 등 사업(事業)이 이루어지게 되나니, 그러므로 삼업은 서로 인연하여 서로 떠나지 않는다.

업(業)에 또 두 가지가 있다.
첫째, 불공업(不共業)이니. 한사람이 조작하는 일로서, 많은 사람의 힘으로 이루어진 것이 아니고 일개인의 단독적인 특수한 업이다.

예를 들면 어떤 사람이 도둑질을 하는데, 어떤 사람은 보시행을 하여, 그의 언어와 행동이 모두 달라서 자주적이고 타인과 공통되지 않는 것을 불공업이라 한다.

둘째, 공업(共業)이니. 여러 사람의 힘으로 합작된 것으로서 그 일이 많은 대중의 힘에서 이루어지고 한 사람의 단독 조작이 아닌 것이다.

예를 들면 집을 짓거나 교량을 놓는 일 따위이다. 작게는 한 가정생활의 유지와 크게는 한 국가사회의 조직은 한 사람의 힘으로만 되는 것이 아니고 반드시 전체의 힘을 모아 여러 사람의 공동체로 운영되는 것이기 때문에 그를 공업(共業)이라고 한 것이다.

공업과 불공업이 비록 다른 점이 있기는 하지만, 서로 인연하여 유대관계가 있으므로 결코 완전히 다른 것만은 아니다. 대개 한 사람의 행동이 혹 타인으로부터 기인하기도 하고, 혹은 그 결과와 영향을 타인에게 끼치기도 하여, 한 사람의 품행과 덕화가 여러 군중을 도태시키거나 영향을 주어서 곧 불공업이 전화(轉化)하여 공업을 이루며, 공업(共業)이 전화하여 불공업을 이루는 수가 있다.

옛말에 "쑥대가 삼밭에 나면 붙잡지 않아도 저절로 곧아지고 흰 모래가 검은 진흙 속에 있으면 그와 같이 검어진다"고 하였으니 이는 한 사람의 개성이 군중에게 도태(陶汰)를 받는 것을 말한 것이다.

예기(禮記)에 말하기를, "한 집이 어질면 한 나라가 어질게 되고 한 집이 양보하면 한나라가 양보하게 되며, 한 사람이 포악하면 한 나라가 어지러워나니 그 기틀이 그러한지라, 그것은 곧 하나의 말이 큰일을 그르치기도 하거나, 한 사람이 나라를 평정하는 것을 말한 것이라"고 하였으니, 이는 바로 불공업이 여러 군중에게 미치는 영향력이 지대함을 말한 것이다. 그러므로 공업과 불공업은 일정한 한계가 없다고 보겠다.

업(業)에 다시 세 종류가 있으니, **선업(善業)·악업(惡業)·무기업(無記業)**이다.

① **선업(善業):** 선업은 나와 남을 함께 이롭게 하여 현세와 말세에 모두 이익을 얻으며, 혹 자기는 손해를 보면서도 남을 이롭게 하여 현재에 고통을 받고 미래에 복(福)을 얻기도 하나니, 그것은 곧 선업이다.

십선업(十善業): 선업은 신업(身業), 어업(語業), 의업(意業)의 삼업에 따라 십선업(身三, 口四, 意三)이 있으니 십선도(十善道)라고도 한다.

신업(身業)에 의한 세 가지 선업이란
첫째, 생명을 살해하지 않고 사랑하여 보호함이요,
둘째, 도둑질하지 않고 청렴결백함이요,
셋째, 간음하지 않고 정숙함이다.

어업(語業)에 의한 네 가지 선업이란
첫째, 거짓말하지 않고 성실함이요,
둘째, 이간 붙이는 말을 하지 않고 정직함이요,
셋째, 꾸미는 말을 하지 않고 솔직하고 성실함이요,
넷째, 악담하지 않고 유순, 온순함이다.
의업(意業)에 의한 세 가지 선업이란
첫째, 탐내지 않고 초탈함이요,
둘째, 성내지 않고 인자함이요,
셋째, 삿된 소견을 내지 않고 바른 지견을 가짐이다.

② **악업(惡業):** 만일 나와 남을 함께 손해하여 현세와 미래에 모두 손해를 당하며, 혹은 남을 손상시키고 자기만을 이익 되게 하여 그 해독을 미래(未來)에 받기도 하고 현재(現在)에 유쾌하게 여기기도 하나니 그 것은 곧 악업이다.

십악업(十惡業): 또 삼업(신업, 어업, 의업)에 의하여 십악업이 있나니, 십불선업도(十不善業道)라고도 한다.

신업(身業)에 의한 세 가지 악업이란 **살생, 도둑질, 간음함이요,**

어업(語業)에 의한 네 가지 악업이란 **거짓말, 이간 붙이는 말, 꾸미는 말, 악담함이요,**

의업(意業)에 의한 세 가지 악업이란 **탐욕, 분노, 삿된 소견이다.**

③ **무기업(無記業):** 무기업은 비선(非善) 비악(非惡)인 업(業)으로서 자타(自他)에게 손익이 없고, 또한 현재와 미래에 손익이 없어서 특기할 만한 것이 없는 업이므로 무기업(無記業)이라 한다.

작게는 산보(散步)함과 유희(遊戲)하는 일이며 크게는 농업, 공업, 상업, 관직업 등으로서 자신과 가정의 이익을 추구할 뿐 인간사회에 이렇다 할 이익을 주지 못하면 그를 선업(善業)이라 할 수도 없지만, 또한 생활상에서 필요로 한 것이기 때문에 악업(惡業)이라고도 말할 수 없다.

그러나 모든 무기업도 그 동기(動機)의 다름으로 인하여 또한 선업(善業)을 이루기도 하고 악업(惡業)을 이루기도 한다.

중국(中國)의 하나라 우임금 후직(后稷)은 손수 일을 하고 곡식을 심으면서 온 천하를 근심하고 위로하였으니 그를 곧 선업이라고 말하며, 간사한 악덕상인과 좀먹는 공인(工人)들은 영리만을 도모하여 파렴치하고 부도덕한 짓을 하나니 그를 곧 악업(惡業)이라고 말한다.

관직에 있거나 정권을 잡아서 백성을 잡아서 백성을 어질게 다스리고 나라를 위해 근심하면 그것은 곧 선업(善業)이요, 나라를 좀먹고 부정축재로 백성들에게 화를 끼치는 짓은 곧 악업(惡業)이다.

그와 같은 삼업(선업, 악업, 무기업)이 불공업에 속한 것은 곧 한 사람이 짓는 업이요, 공업(共業)에 속한 것은 곧 군중들이 짓는 업이다. 그러므로 불공업에 선업, 악업, 무기업의 다름이 있듯이 공업에도 역시 그러하다.

업에 또 세 가지가 있으니, **복업(福業)과 비복업(非福業)과 부동업(不動業)이다.**

복업: 십선업(十善業)은 인간, 천상의 복된 과보를 얻게 하나니 그러므로 복업이라고 한다.

비복업: 십악업(十惡業)은 지옥(地獄), 아귀(餓鬼), 방생(傍生; 가축과 동물)과 인간의 빈천, 못난이, 불구자인 갖가지 복(福)이 아닌 과보를 얻게 하나니, 그러므로 비복업(非福業; 복이 아닌 업보)이라고 한다.

부동업: 십선업 이외도 다시 선정법(禪定法; 마음을 닦는 공부)을 닦아 모든 사선(四禪; 색계의 네 선정), 팔정(八定; 무색계의 네 선정과 무색계의 사무색정), **색계(色界;** 초선정, 이선정, 삼선정, 사선정), **무색계(無色界;** 공무변처정空無邊處定, 식무변처정識無邊處定, 무소유처정無所有處定, 비상비비처정非想非非處定)를 얻음이 있다.

그리하여 색계와 무색계의 정지과보(定地果報)를 얻게 되어, 과보를 받는 것이 결정된 것을 부동업(不動業)이라고 한다.

그 **무기업(無記業)**은 미래의 과보를 얻는 것이 아니므로 복업, 비복업, 부동업인 삼업(三業)의 어디에도 해당되지 않는다. 그 까닭은 과보를 받는 것이 모두 같지 않으므로 그 명칭을 얻는 것도 다르기 때문이다.

업(業)에 다시 시간에 따른 세 가지가 있으니 **현재 (現在)에 받는 것을 현수업(現受業)4)이라 하고, 금생(今生)에 지은 것을 다음 내생(來生)에 받는 과보를 생수업(生受業)5)이라 하며, 전생(前生)에 지은 것을 후생(後生)으로 내지 다생(多生)에까지 받는 과보를 후수업(後受業)6)이라고 한다.**

여기서 또 두 가지가 있으니,
첫째 불공업(不共業)인 자신의 업으로 과보를 받는 것에 대해서 말한다면, 극선(極善)·극악(極惡)이 아닌 사농공상(士農工商)의 모든 무기업에서 근면함과 나태함의 차이로 인하여 현세에 곧 가난하고 가멸참7), 굶주리고 배부른 따위의 과보를 받는 것이 각각 다르다.

현수보(現受報): 또 선업(善業)을 지은 힘이 강한 사람은 현세에 곧 영화와 명예와 복리가 물밀듯이 모여들게 되고, 혹은 악업(惡業)을 지은 힘이 강한 사람에게는 현세에 곧 감옥에 갇히거나 참상과 살해를 당하

---

4) 순현보(順現報)라고도 한다.
5) 순생보(順生報)라고도 한다.
6) 순후보(順後報)라고도 한다.
7) 재산이 많고 살림이 풍족함.

는 일이 연달아 이르게 되어, 타(他)로 인하여 생기기 전에 자기에게 벌써 화가 닥쳐오나니 그것을 **현수업**이라고 말한다.

생수업(生受業): 생수업이란 선(善)과 악(惡)을 지은 사람은 아주 강성한 것이 아니면 내생에 가서야 비로소 이숙(異熟)8)이 이루어진다.

예를 들면 다복한 사람이 중한 악업을 짓더라도 현재의 복력(福力)이 유지되는 동안은 즉시 악보(惡報)를 받지 않고 이 생(生)의 복이 다하면 다음 생에 그 과보를 받는다.

혹은 박복(薄福)한 사람이 상선(上善)을 짓더라도 현재의 과보가 미진했으면 즉시 그 선보의 복을 받지 못하고 다음 생에 가서야 복의 과보(福報)가 이루어지나니 그를 생수업이라고 한다.

후수업(後受業): 후수업이란 현세에 지은 선업과 악업의 힘은 미약하고 혹 여타의 업의 힘이 득세하면 후생의 후생인 다생(多生)에 가서야 그 결과가 비로소 이루어지나니 그를 후수업이라고 한다.

또한 극선(極善) 극악(極惡)의 업도 현세에 받기도 하고 다시 내생에 받기도 하며, 또 다음다음 내생에

---

8) 이시이숙(異時異熟)이니, 곧 금생에 업을 지어 내생에 과보를 받음을 말한다.

받는 것이 있으니 예를 들면 인간, 천상에 백번 태어나 그 복을 받는 것이 무궁하거나, 혹은 삼악도(지옥, 악귀, 축생)에 타락하여 악도에 갔다가 다시 오며 한없이 되풀이하는 따위이다.

(이상은 한 사람이 짓는 삼업의 불공업을 설명한 것임)

둘째, 중생(衆生)들이 공업(共業)이 서로서로 증상(增上)되는 것을 말한다면, 즉 작게는 한 가정의 성쇠(盛衰)와 크게는 한 나라의 흥망(興亡)과 더 나아가서는 세계 운명의 융성과 침체를 또한 현세(現世)에 받는 것과 내생에 받는 생수(生受)와, 다음다음 후생에 받는 후수(後受)가 있다.

한 집안에서 현세에 복을 지어 현세에 즉시 받는 것이 있기도 하고, 그 아버지가 노고를 다하여 지은 복(福)을 누리지 못하다가 아들, 손자 때에 이르러서 그 복을 받는 수도 있다.

선업(善業)을 지어 복(福)을 받게 되는 경우와 같이, 악(惡)을 지어 화(禍)를 받는 경우도 마찬가지이다.

이른바 "선(善)을 짓는 집에는 반드시 후대(後代)에 미치는 영화가 있고[적선지가 **必有餘慶 積善之家 必有餘慶**],

악(惡)을 짓는 집에는 반드시 후대(後代)에 미치는 재앙(災殃)이 있다[적불선지가 **必有餘殃 積不善之家 必有餘殃**]"고 한 것은 바로 그것을 말한 것이다.

나라에도 외적(外敵)을 막고, 정치를 잘하려고 갖은 노력을 다하여 현세에 자신이 그 성공을 거두는 사람도 있고, 뼈를 백사장에 버리거나 간뇌도지(肝腦塗地) 하면서 몸이 닳도록 근로하되 그 성공을 보지 못하다가 후대의 사람들로 하여금 그 덕(德)과 영화를 누리게 하는 수도 있다.

황제(皇帝)의 공로와 요(堯)·순(舜)의 치적과 하(夏)·우(禹)의 치수(治水), 주공(周公)이 예악(禮樂)을 제작함과 공자(孔子)·맹자(孟子)가 문교(文敎)를 창명(彰明)하여 그 학설을 크게 찬양한 공(功)은 실로 만세의 큰 힘이며 큰 덕이다.

또 석가여래께서는 천축(天竺)에서 교법을 세우셨으나, 천년 후에는 동토(東土)와 그 외의 여러 나라에 그 성교(聲敎)가 퍼지게 되어 여러 나라에서 그의 교화를 받들고 믿는 사람이 많아지며 교세가 흥왕하여 불꽃처럼 한창 일어나고 있다.

그러므로 중생의 공업에도 또한 현세에 받는 현수(現受)와 내생에 받는 생수(生受)와 다음다음 생에 받는 후수(後受)의 차이가 있고 혹은 현세에, 내생에, 후세에 그렇게 길고도 오래도록 과보를 받음이 또한 끝이 없음을 알 수가 있다.

다시 지도(地圖)에 관한 학설을 말한다면, 중심과

주변이 따로 없음을 알게 된 것은 처음 코페르니쿠스로부터 발단되었고, 그 후 미주(美洲) 신대륙을 발견하기는 콜럼버스로부터 시작되었으나 그 당시에는 아메리카 대륙을 인도로 여겼었다. 이후로 세계가 교통이 크게 열리매, 오히려 그로 인해 인디언 홍인(紅人)들이 멸망하고 흑인노예의 매매가 성행하게 되었다.

영국, 불란서, 러시아 등 유럽 열강들은 국부와 국위로 비대해지고 식민지로써 약탈을 일삼는 한편, 북미와 남미 모든 공화국이 차례로 건립되고 서양의 물질문명이 이로부터 활기를 띠게 되었는 바, 세계대전의 크나큰 화(禍)가 또한 이로부터 빚어졌다.

인간 세상이 이리저리 변하면서 인과(因果)가 서로 생기는 것이 혹은 목전(目前)에 있기도 하고 혹은 딴 세상에 있기도 하며, 혹은 이 나라에 있기도 하고 혹은 딴 나라에 있기도 하여 일파만파(一波萬波)로 하나의 파도가 움직이매 만파가 따라 움직인다.

처음에는 대수롭지 않던 것이 나중에는 번지고 커져서 기괴망측하여 걷잡을 수 없으니 이야말로 중생의 업력(業力)은 사의(思議)하기 어렵다.

위에서 업(業)의 양상을 분석하매 그 업(業)의 자체에 대해서 **신업(身業), 어업(語業), 의업(意業)**인 삼업으로 분류했으며, 그 성질의 차별에 대해서 **선업(善業),**

악업(惡業), 무기업(無記業)으로 설명했고 그 과보가 같지 아니함에 의해서 **복업(福業), 비복업(非福業), 부동업(不動業)**으로 나뉘었으며, 과보를 받는 시기에 대해서 **현수업(現受業), 생수업(生受業), 후수업(後受業)**으로 설명했다.

그 중에 어디든지 두 가지에 각각 통하는 그것이 곧 **공업과 불공업**인 것이다. 모든 업(業)의 종류는 대략 그러하거니와 더 자세한 설명은 〈잡집론(雜集論)〉[9]에서 자세하게 설명했다.

"온갖 괴로움에는 **업(業, 습관)**이 그 원인이 된다는 것"을 어떻게 알아야 하는가? 즉 모든 중생은 그 업(業)과 과(果)로 계속된 것에 불과하다.

업(業)은 곧 짓는 작업이고 과(果)는 곧 받아 누리는 향수(享受)이니 어떤 공작(工作)이 있음으로 인하여 곧 어떠한 향수(享受)를 얻는다.

사람의 생활(生活; 곧 직업)인 사(士), 농(農), 공(工), 상(商)은 이른바 업(業)이요, 그 생산(生産)과 수확(收穫)은 이른바 과(果)이니, 작업으로 말미암아 수확을 얻어 의식이 마련되고 생명이 보존된다. 생명이 보존되매 다시 작업을 하게 되고, 다시 작업으로 말미암아 또 과보를 얻나니 그와 같이 되풀이 하여 생명이 오

---

9) 〈대승아비달마잡집론〉은 6세기 중엽 인도의 학승 안혜가 편찬하였고, 7세기 중엽 현장이 한역한 유식학의 대표적 논서이다.

래 존속한다.

한 사람이 그러하나니 전 인류도 그러하며 전 인류가 그러하듯이 만물이 모두 그러하나니 그러므로 "중생 모두가 업(業)과 과(果)로 계속된 것"임을 알 수 있다. 중생이 이미 업과로 계속되었으니, 과(果)의 고(苦)와 락(樂)은 업(業)의 좋고 나쁜 것에 의해서 결정된 것이다.

만일 어떤 사람이 부지런하고 근검절약하면 그는 곧 과(果)를 얻는 것이 반드시 좋아지고, 게으르거나 교만하고 사치하면 그는 과(果)를 얻는 것이 반드시 나빠진다. 하나의 개인과 마찬가지로 가정과 국가와 천하도 그 이치(결과를 얻음)가 동일하다.

위에서는 생계에 관한 것만을 대충 말했거니와 그밖에는 한 사람의 품위가 높고 낮음에 의하여 가정과 국가의 풍습이 좋고 좋지 못함과, 나아가서는 세계의 문교(文敎)가 흥하기도 하고 쇠망하기도 하는 까닭은 그 짓는 온갖 업(業)이 착하기도 하고 악하기도 하여 가지가지로 다르기 때문이다.

업(業)이 착한 것이란 인자하고 청렴정직하며 충성스럽고 신의가 있고 가식이 없으며, 탐욕과 분노가 없고 어리석음과 거짓이 없는 것이니, 그 선업으로 인하여 개인에 있어서는 저절로 영화와 명예와 지위가 높아지고 몸과 마음이 편안하고 숭고해지며, 가정과 국가에 있어서는 저절로 질서가 잡히고 화락하며 제가(齊家)와 치국(治國)이 잘 될 것이요, 천하에 있어서는 그로부터 덕(德)으로 풍속을 변화시켜 문명세계와 태평성대가 이루어질 것이다.

그러므로 재해(災害)가 생기지 않고 화난(禍難)이 일어나지 않으며 전쟁이 없어지고 감옥이 비어 쓸모가 없고 행복과 평화가 유지되어 모두가 태평안락을 누리게 된다.

업(業)의 악(惡)한 것이란 살생, 도둑질, 간음함과 거짓말, 이간 붙이는 말, 꾸미는 말, 악담함과 탐욕, 분노, 삿된 소견 따위이니, 그 악업으로 인하여 개인에 있어서는 퇴보하고 타락하여 몸과 마음이 근심과 공포에 쌓이며 화(禍)가 따르게 되고, 가정과 국가에 있어서는 자연히 작난(作亂)이 생기고 잘못을 범하여 위태롭고 망하게 되어 평화롭지 못할 것이며, 천하에 있어서는 그로 인하여 풍속이 야박해지고 이상야릇하게 변할 것이며 야만인으로 둔갑하여 난리가 난다.

그러므로 재해가 번갈아 생기고 전쟁이 자주 일어나며 약자를 침탈하고 약탈하는 약육강식과 정복 착취만이 성행하여 온 세상이 어지럽고 시끄러워서 백성이 마음 놓고 살 수가 없게 된다. 그리고 현재의 결과가 그러하면 장래의 결과도 역시 그러하게 마련이다.

개인에 있어서는 후생(後生)의 이숙(異熟)으로 인하여 천국에 태어남과 지옥에 떨어지는 것이 순전히 불공업의 복(福)과 복 아닌 것에 매어 있고, 사회에 있어서는 장래의 성쇠와 치난이 순전히 공업(共業)의 정(正)과 사(邪)에 달려 있다. 그러므로 중생들의 고(苦)와 낙(樂)이 순전히 업을 짓는 선악에 매여 있는 것이다.

그럼에도 지금의 개인은 공리(功利)만을 중시하고 도덕을 망각하며, 국가는 침략만을 숭상하고 인의(仁義)를 천시하여 처음에는 이기(利己)만을 꾀하고 남을 돌보지 않다가 나중에는 남을 멸망시키고 자신만을 이롭게 하면서 살생, 도둑질, 강간, 사기 따위 십악업을 짓는다.

그러한 악업을 개인이 짓는 것도 도리어 부족하다고 여겨서, 이에 민족과 국가의 힘을 합하여 그런 악행을 자행하여, 또한 한 민족과 한 국가를 동원하여 나쁜 짓 하는 것도 부족하게 여기면서 더 많은 민족과 많은 국가의 힘을 합해서 그런 짓을 하려고 합종연횡10)으로 전쟁을 꾀하여 악업만을 지으니 이 세계에 중생의 고통으로 가득함이 어찌 이상하다 하겠는가.

문(問): 혹자는 묻기를, "업(業)에 선업, 악업, 무기

---

10) 合從連橫: 중국 춘추전국시대 소진과 장의가 쓰던 계교.

업의 다름이 있다고 할진대 그에 따른 과보를 받음에
도 어떻게 괴로움만 있다고 말하겠는가?"

답(答): 위에서 언급했듯이 고수와 낙수와 사수를
제일의(第一義; 최상의 진리)차원에서 보면 모두 동일하게
괴로움이라고 보나니, 이른바 덧괴로움(苦苦), 무너지
는 괴로움(壞苦), 변해지는 괴로움(行苦)이 바로 그것이
다.

선업(善業)과 부동업까지도 제일의에서 보면 모두
동일하게 유루(有漏; 샘이 있음, 즉 생멸)가 된다. 유루인
선업이 비록 낙수(樂受)를 얻으나 괴고(壞苦; 무너지는 괴
로움)에 해당되므로 또한 괴로움을 얻는다고 말하며,
부동업이 비록 상지(上地; 색계 이상의 하늘)의 비고(非苦)
·비락(非樂)의 사수(捨受)가 되나 행고(行苦)에 해당되
므로 또한 괴로움을 얻는다고 말한다.

고(苦)에 세 종류가 있듯이 업(業)에도 역시 세 종
류가 있다.

그러므로 **"온갖 괴로움은 업이 그 원인이 되고, 업
(業) 때문에 괴로움이 있다"**고 말한 것이다. 그리고 더
나아가서 보면 업의 원인은 곧 미혹(迷惑)인 혹(惑)이
다.

南無阿彌陀佛

- 인광印光대사

삼계·육도윤회를 벗어날 수 있다.

이 여섯 글자에 의지해야

오로지 "나무아미타불"

닦을 필요가 없으며,

삼대아승지겁 동안 복덕과 지혜를

정성을 다해야 범부의 마음을 바꿀 수 있다.

염불해야 숙세에 지은 업을 없앨 수 있으며,

제3절 혹惑

괴로움이 업으로 인하여 얻어진 것임을 이미 알았으니 그 **업의 원인은 무엇이며, 어떤 법에 의하여 모든 업(業)을 일으키게 되는가를 알아야 한다.**

부처님이 "업(業)은 혹(惑)으로 말미암아 일어난다고 하셨으니 업(業)의 원인은 혹(惑)이다. 무슨 까닭으로 혹이라고 하셨으며 또 어떤 것이 혹(惑)인가?

첫째는 사(事)와 이(理)에 어두워 잘못 알고 헷갈리어 뒤바뀌고 그릇된 행동이 마치 가출(家出)한 미아(迷兒)가 길을 잃고 자기 집을 찾지 못한 것처럼 무지몽매한 짓이 있게 된 것을 혹(惑)이라고 한 것이다.

둘째는 온갖 번뇌(煩惱) 그것이 곧 혹(惑)이다.

번뇌라고 말한 것은 그 성질이 고요하지 못하여 자(自)와 타(他)를 괴롭히고 어지럽게 하기 때문에 번뇌(煩惱)라 말한 것이다[번뇌치란煩惱緇亂].

온갖 번뇌에 여러 가지 종류가 있으니 아래와 같다.

근본번뇌(根本煩惱)......(6가지)

대수번뇌(大隨煩惱).....(8가지)
중수번뇌(中隨煩惱).....(2가지)
소수번뇌(小隨煩惱).....(10가지)

(1) 근본번뇌(根本煩惱)

근본번뇌란 온갖 번뇌의 근본이니 수번뇌(隨煩惱, 근본번뇌에 딸린 번뇌)에 대하여 근본번뇌라고 이름한 것으로서 ①탐욕 ②성냄 ③어리석음 ④거만 ⑤의혹 ⑥나쁜 소견 따위이다.

① **이른바 탐욕[탐貪]은** 아(我; 나)와 아소(我所; 내 것, 나의 소유)에 관한 사물과 그 밖의 모든 사물에 고집하여 오염되고 집착하므로 그 성질이 되고, 굳은 고집을 버리지 못하여 근심함과 괴로워함으로써 그 업(業)이 된 것이다.

말하자면 중생들이 안으로는 몸과 마음을 고집하여 자아(自我)로 여기며, 그 자아가 의하는 온갖 사물에 물들고 집착을 일으키며, 밖으로는 몸과 마음이 의지할 근(根; 감관)·경(境; 대상)을 아소(我所)라고 고집하여 그것이 나의 소유이며 자아를 도와준다고 여긴다.

그러므로 내 것이라고 의지한 모든 사물 색(色)·성(聲)·향(香)·미(味)·촉(觸)과 온갖 근신(根身), 기계

(器界), 국성(國城), 처자(妻子)와 전원(田園), 의복, 음식, 살림살이와 모든 기구, 재물, 명리 따위에 염착(染着)하고 탐애(貪愛)한다. 그로 말미암아 굳게 집착하여 그를 버리려 하지 않고 얻지 못해서는 얻으려고 근심하며, 이미 얻어서는 잃을까 근심하여 근심과 괴로워하기를 쉬지 않는다.

그러므로 재물을 탐내다가 눈을 멀게 하고 허벅다리를 베어 금괴를 숨기기도 한다. 탐내는 사람은 재물 때문에 몸을 망치고 재물로 몸을 망치면서도 죄악을 짓나니 그러므로 탐욕번뇌가 곧 혹(惑)이다.

② **이른바 성냄[진嗔]이란** 자기 뜻에 위배된 역경(逆境)에 대하여 성내고 고뇌하는 것으로 그 성질이 되고 원망과 분심(忿心)과 한(恨)을 품음과 손해하므로 그 업(業)이 된 것이다.

말하자면 중생들이 아(我)를 굳게 고집하므로 자기에게 맞는 것이면 탐심을 일으키고 자기를 거역한 것에는 성을 낸다.

성냄으로 인하여 안으로는 원한과 고뇌를 일으키고 밖으로 분노가 치밀어서 타(他)의 생명을 핍박하고 해치며 뜻을 어기는 사물에 대해서도 파괴하거나 폭행을 가한다.

그로 말미암아 가지가지 악행을 짓되 뭇 고통은 아랑곳없이 사고를 크게 저지르므로 그 고통은 더욱더 증가된다.

필부(匹夫)는 칼을 들고 설치며 군주는 노기(怒氣) 끝에 백만 군사를 출동하여 작게는 그 일신을 죽이고 크게는 천리에 피바다를 만든다.

천하가 크게 어지럽고 국가가 망하는 것이 모두 성냄에서 시작되지 않는 것이 없나니 그러므로 성내는 번뇌 자체가 곧 혹(惑)이다.

③ **이른바 어리석음[치痴]이란** 모든 사리(事理)에 어두운 것으로 그 성질이 되고 능히 밝은 지혜를 가리워서 온갖 번뇌가 의하는 것으로 업(業)이 된 것이다.

이 어리석음을 또는 무명(無明)이라고 이름 하나니 사리에 밝지 못하고 잘못 알아 무지(無知)하기 때문에 뒤바뀐 망집(妄執; 허망한 집착)이 그로 인하여 생긴 탐심과 성냄과 아만(我慢)과 의혹이 그것에 의지하여 생긴다.

그러므로 이 무명이 첫째로 온갖 번뇌의 근본이 되고 생사가 유전(流轉)하는 근원이 된다.

어리석음이 더욱 많은 사람은 옳은 것을 그르다 하고 그른 것을 옳다고 하여 인과(因果)에 헷갈려서 착란하고 의리를 온통 등지며, 자그마한 원한은 반드시 갚고 크나큰 은혜는 잊어버리며, 밝은 정도(正道)를 무서운 길로 여기고 험난한 깊은 구덩이에는 편안한 집인 것처럼 그곳에 잘 들어간다.

충성스런 말은 귀에 거슬리고 아첨한 말은 마음에 달콤하기에 못난 소인들을 가까이하고 참으로 정직한 사람을 멀리한다. 그리하여 나라를 망치고 패가망신하되 죽을 때까지도 깨닫지 못하고 자신만을 그릇되게 믿어 웅재(雄才) 대지(大智)인양 여긴다. 그것을 알려주는 사람의 말과 꾀가 잘못된 허물이 아니고 그가 어리석어 듣지 않은 것이 큰 허물이다.

이것이야말로 그 어둔 미암(迷闇)이 바로 혹(惑)의 근원이 된 것이다.

④ **이른바 거만한 것[만慢]이란** 자기를 믿고 남을 멸시하여 뽐내는 것으로 그 성질이 되고, 마음이 겸허하지 못하고 아량이 넓지 못하여 충(忠)과 선(善)을 받아주지 않고 인(仁)과 현(賢)을 거역하여 자만(自滿), 자포(自暴)함으로 업(業)이 된 것이다. 말하자면 아만(我慢)을 품은 사람은 으레 사람을 능멸하나니 인자(仁者)와 현인(賢人)을 대할 때에도 오히려 겸허하지 아니하거늘, 하물며 자기보다 못한 사람에게 좋은 것을 선택하거나 그 장점을 따르겠는가?

그로 말미암아 충성스런 말을 받아들이지 않고 착한 도(道)에는 들어가지를 않는다. 처음에는 자기의 옳은 것을 자랑하고 고집하다가 나중에는 허물을 꾸미고 잘못을 엄폐하여 악(惡)을 저지르며 드디어는 자포자기를 달게 여긴다.

그와 같은 거만한 마음에 일곱 가지가 있으니 다음과 같다.

첫째, 거만(倨慢)

둘째, 과만(過慢; 낫다는 거만)

셋째, 만과만(慢過慢; 더 낫다는 거만)

넷째, 아만(我慢)

다섯째, 증상만(增上慢; 뛰어난 체한 거만)

여섯째, 사만(邪慢; 삿된 거만)

일곱째, 비열만(卑劣慢; 못난 거만)

그 거만한 마음으로 말미암아 자기 소견만을 잘못 고집하여 옳고 그름을 오판하여 뒤바꾸나니 그러므로 혹(惑)이라고 한다.

⑤ **이른바 의혹[의疑]이란** 진리에 대하여 믿으려고 하지 않고 바른 도(道)에 마음이 망설이어 헷갈리고 산란함으로 그 성질이 되고, 악(惡)한 법을 버리지 않고 선(善)한 법을 실행하지 않으며, 뭇 고통에서 벗어나지 않는 것으로 업(業)이 된 것이다. 말하자면 의혹이 많은 사람은 친한 친구를 만나거나 바른 법을 듣더라도 그 진리를 믿지 아니하고 고통을 벗어나는 도(道)에 대해서 마음이 망설이고 의혹이 많아서 바른 결택이 없다.

그로 말미암아 악(惡)을 버리지 않고 선(善)을 닦지 아니하여 방황하고 침미(沈迷)하여 뭇 괴로움을 벗어나지 못한다.

대게 세상살이가 비록 괴로우나 또한 어쩌다가 뜻을 얻거나 마음먹은 일을 이루는 수가 있으며, 성현의 길(聖道)이 비록 참되나 행하기가 어렵고 힘들며 고비가 있는 법이다.

그런데 의혹이 많은 사람은 가까운 것은 친하면서 먼 것에는 미(迷)하나니, 가까운 것을 친하면 작은 이익을 얻을 수 있으나, 먼 것에 미하면 큰 공을 이루기가 어렵다.

그들은 말하기를, "세상에 나서 이 세상을 위해서는 착한 것이면 만족한데, 무엇 때문에 반드시 자랑삼아 옛 성인(聖人)을 바라보며, 어찌 꼭 노심초사(勞心焦思)하여 포착할 수 없는 보리(곧 깨달음, 道, 智), 열반(생사해탈, 적멸락寂滅樂)을 구할 필요가 있느냐"라고 한다.

그러므로 조그마한 일을 중시하는 이와 현재의 향락만을 구하는 이에게는 매우 깊은 도(道)로써 말해주더라도 그는 반드시 유예하고 믿지를 않는다. 그가 유예하고 믿지 않는 까닭은 참으로 결택하는 지혜가 있어서 맹종하기를 싫어하는 것이 아니라 도리어 흠뻑 빠진 심정이 작은 이익에만 미혹(迷惑)하고 큰 재해(災害)를 모르기 때문이다.

참으로 그렇지 않은 이라면, 미혹한 마음이 없고 밝은 지혜로 과감하게 결택하여 선(善)을 보면 곧 따라가려고 하면, 불선(不善)을 볼 적에는 끓는 물에 손을 넣는 것 같이 겁을 내고 선(善)에 향하는 것은 조수물이 밀려가듯 하여 막을 수가 없게 될 것이니 무슨 그릇된 유예가 있겠는가.

의혹이 많은 사람은 출세간의 성도(聖道)를 닦지 못할 뿐만 아니라 세간의 선법(善法)도 또한 닦지 못한다.

그러므로 조그마한 이익만을 구하되 자신의 한 몸과 제 집만을 못내 생각하기에, 봉공(奉公)함에는 자기를 버리어 남을 위하는 정신이 없고, 일에 당해서는 머리와 꼬리를 잘 생각해 보는 원대한 생각이 없어서 우유부단하여 기회를 잃고 시기에 뒤지기도 한다.

싸워야 되느냐, 화친을 해야 되느냐 하는 계획을 결정 못하다가 적의 군사는 이미 강을 건너게 되는 수가 허다하다. 패가 망국이 또한 의혹이 많고 두려움이 많은 것에서 비롯되지 않는 것이 없다. 그러므로 이 의혹이 혹(惑)이 되는 것이다.

⑥ **이른바 나쁜 소견[惡見]이란** 비리(非理; 옳지 않은 진리)로 잘못 집착하고 고집하여 그 소견이 본래의 사실과 어긋난 것을 나쁜 소견이라고 한다. 여기에 또 다섯 가지 종류가 있으니. 살가야견(薩加耶見), 치우친 소견(邊見), 삿된 소견(邪見), 견취(見取), 계금취(戒禁

取)이다.

　첫째, 살가야견(薩加耶見)이란 신견(身見) 즉 아견(我
見)이요, 곧 '나'라고 고집하는 소견이니 본래 '나'가
없는 자리에 '나'가 있다고 그릇된 고집을 내는 것이
곧 아견(我見)이다.
　이 아견에 두 가지가 있으니 법아집(法我執)과 인아
집(人我執)으로서, 법공(法空)의 이치를 모르고 객관의
물심제법(物心諸法)에 실로 체성(體性)이 있다고 고집
하는 마음을 **법아집(法我執)**이라고 하며, 아공(我空)의
진리를 모르고 오온(五蘊)이 화합하여 이루어진 몸에
대하여 참으로 존재한 것같이 생각되는 상일주재(常一
主宰)의 아(我)가 있다고 보는 소견을 **인아집(人我執)**이
라고 한다.

　둘째는 치우친 소견 곧 **변견(邊見)**이요, 치우친 소
견이란 두 가지 아(我)인 인아(人我)·법아(法我)에서
다시 그 자체가 상주불멸(常住不滅)한다고 주장하는 **상
견(常見)**과 사후(死後)에는 단멸(斷滅)한다고 집착하는
단견(斷見) 따위이니, 단(斷)·상(常)과 유(有)·무(無)와
유변(有邊)·무변(無邊) 따위 양극에 치우쳐서 중도(中
道)를 등진 견해이므로 변견(邊見) 또는 **집견(執見)**이라
고 하는데 생략하여 변견(邊見)이라고 한다.

셋째는 삿된 소견, 즉 사견(邪見)이요, 삿된 소견이란 참으로 있는 사실을 없다고 부정하여 인과를 비방하며 혹은 착한 일 하는 것을 비방하고 혹은 진실된 사실을 부정하며 혹은 그릇된 분별을 하여 중도(中道)에 어기는 소견이다.

더 나아가서는 세상의 온갖 사설(邪說)과 이단(異端)이 정도(正道)를 모르고 사도(邪道)를 가장 좋은 것으로 생각하며, 마음이 정치를 해롭게 하고 세상을 어지럽게 하며 혹세무민하는 모든 것들이 전부 사견이다.

넷째, 견취(見取)란 신견(身見), 변견(邊見), 사견(邪見) 등을 일으키고 그를 잘못 고집하여 "그것이 진실하고 수승하다"고 여기는 망견(妄見)이다.

말하자면 외도(外道)들이 저 허망하게 보는 온갖 소견을 "가장 수승하고 가장 청정하다"고 고집하여, "이것만이 진실이고 그밖에는 모두 허망이라"고 하여 그 법에 애착을 내기 때문에 모든 쟁론(爭論)을 일으키며, 더 나아가서는 다투고 싸우면서 그런 소견으로 취착을 일으키나니, 그러므로 견취라고 말한다.

다섯째, 계금취(戒禁取)라고 하는 것은 외도(外道)들이 자기네의 소견을 내세워서 사견에 해당하는 부정(不正)의 계율과 그를 지니는 오온(五蘊) 신심(身心)을 가장 청정하다고 여기는 소견이다.

말하자면 외도들이 자기 소견을 내세워서 그것을 가장 제일로 여기고, 또 계금(戒禁)을 세워서 규칙을 만들고 그 도중(徒衆)을 단속하여 수행방편을 삼기 때문에 계금취(戒禁取)라고 한다.

뿐만 아니라, 그들은 그 계율이 가장 수승하며 가장 청정하다고 고집하여 그 계율만이 해탈을 얻을 수 있고 그밖에는 그렇지 못하다고 하여 애착을 두고 여타의 사람과 언쟁을 하며, 나아가서는 투쟁을 일삼고 계금(戒禁)에 취착을 내기 때문에 계금취라고 한다.

위에서 말한 무명(無明)을 악견(惡見)과 비교하면 무명은 사리(事理)에 어두운 미암(迷闇)이고, 악견(惡見)은 그릇된 견해를 고집함이니 무명은 오히려 소극적이라고 볼 수 있으나 나쁜 소견(惡見) 그것은 적극적인 것이라고 볼 수 있다.

무명(無明)으로 말미암아 미혹(迷惑)하여 깨닫지 못하고, 나쁜 소견으로 말미암아 고집하여 돌이키지 못한다.

무명은 진실로 온갖 혹(惑)의 원인이 되고, 악견(惡見)은 또한 모든 혹(惑)의 소의(所依: 의지하는 근거)가 된다.

이 집착으로 말미암아 탐심과 분노를 일으키고 거만과 의혹을 일으키게 되어 그 때문에 바른 진리가 막혀버리고 나쁜 업(業)이 더욱 치성(熾盛)하게 된다.

지금은 물질 만능에서 가공할 핵무기가 등장한 때이기도 하지만, 육대주(六大洲)가 정비(鼎沸)하고 대지가 육침(陸沈)한 것은 또한 그 문화, 학설, 사상, 신앙의 궤난(詭亂)과 미혹(迷惑)이 충돌하고 모순되어 인류를 불안 공포에 빠뜨리게 한 원인에 있을 것이다.

"큰 혹(惑)은 종신토록 풀리지 않는다"고 한 옛사람의 그 말은 오직 악견(惡見)에 해당된다고 하겠다.

(2) 수번뇌(隨煩惱)

위에서와 같이 "근본 번뇌 여섯 가지가 혹(惑)의 근본이 된다"는 것을 이미 설명하였다. 그 근본 번뇌로 말미암아 수번뇌(隨煩惱) 20가지가 생기게 되나니 그것은 근본 번뇌의 등류(等流; 성질을 같이한 종류)이며 분위(分位; 나뉘진 위치, 또는 차별에서 세워진 위치)인 성질이기 때문에 수번뇌라고 한다. 즉 근본번뇌에 수반하여 생기는 번뇌이다.

여기에는 대수번뇌(大隨煩惱) 8종과 중수번뇌(中隨煩惱) 2종과 소수번뇌(小隨煩惱) 10종이 있는데, 자세한 설명은 피하고 아래와 같이 간략하게 서술하겠다.

대수번뇌(大隨煩惱) 8가지
① 불신(不信): 해태(懈怠)의 근본으로서 선법(善

法)을 믿지 않고 선과(善果)를 바라지 않는 탁한 마음.

② 해태(懈怠): 선법을 닦지 않고 악법을 끊지 아니하여 정진하지 않음.

③ 방일(放逸): 선법을 닦지 아니하고 악법을 끊지 아니하여 방종함.

④ 혼침(昏沈): 관(觀)을 이루지 못하고 마음이 묵직히 가라앉은 심작용(心作用).

⑤ 도거(掉擧): 마음이 경조부동(輕躁浮動)하여 고요하지 못하고 정(定)을 장애하는 마음의 작용.

⑥ 실념(失念): 즉 건망이니 분명히 기억하지 못하는 심작용(心作用).

⑦ 부정지(不正知): 바르지 못한 견해이니 정지(正知)를 장애하거나 계율을 범하는 오해 따위.

⑧ 산란(散亂): 정정(正定)을 장애하고 부정견(不正見)의 근본이 되는 흐트러진 심작용(心作用))이다.

중수번뇌(中隨煩惱) 2가지

① 무참(無慚): 자신을 반성하지 않고 매사에 부끄럼 없이 모든 악행을 하는 심작용(心作用).

② 무괴(無愧): 현자(賢者)와 세간을 두려워하지 않고 사나운 자와 사귀고 악법(惡法)과 친근하여 남부끄럼이 없음이다.

소수번뇌(小隨煩惱) 10가지

① 분(忿): 뜻에 맞지 않는 일과 환경에 발분(發忿)하여 추포(麤暴)한 언어와 동작을 발기함.

② 한(恨): 원심을 품어 항상 잊어버리지 않고 후회하거나 뇌란하는 마음작용.

③ 뇌(惱): 분한의 사실을 추상하여 그 마음이 불안하여 갖가지로 괴로워하며 타인까지 괴롭히고 시끄럽게 함.

④ 복(覆): 자신의 명문과 이양(利養)을 위하여 그 죄과를 숨김.

⑤ 광(誑): 명문(名聞)과 이양을 위하여 자신을 유덕(有德)한 것으로 가식(假飾)함.

⑥ 첨(諂): 타인을 농락하기 위하여 타인에게 거짓 순종하여 아첨하고 아양을 떨어 타인을 기만함.

⑦ 교(憍): 자기의 지식과 재산 따위에 깊이 애착하여 남에게 으스대고 방자함.

⑧ 해(害): 남에게 불쌍히 여기는 마음이 없어서 마구 핍박하고 괴롭히어 해치는 일을 함.

⑨ 질(嫉): 남들의 영예를 시기함.

⑩ 간(慳): 재물과 법에 깊이 인색하여 베풀지 않음이다.

문(問): 온갖 업(業)은 혹(惑)이 그 원인이 되어, 업이 혹에서 생겼다는 것을 어떻게 알아야 하는가?

답(答): 말하자면 이 모든 혹(惑)이 모든 악업(惡業)을 일으키는 기인(起因)이 된다. 그것을 구체적으로 설명한다면,

탐심(貪心)으로 말미암아 간음, 도둑질 따위가 생기고,

성내는 마음으로 말미암아 살생 따위가 생기고,

거만함으로 말미암아 죄악을 저지르고 고치지 아니하며,

의혹(疑惑)으로 말미암아 정도(正道)를 따르지 않고,

나쁜 견해(惡見)로 말미암아 온갖 탐냄, 성냄을 일으킨다.

그리하여 온갖 번뇌가 번갈아 증가하여 모든 악(惡)을 자아내나니 그러므로 모든 악(惡)이 모두가 혹(惑)으로 말미암아 일어난 것이다.

〈잡집론(雜集論)〉에서 그에 관한 자세한 설명을 하였다.

살생을 하는 업(業)의 길에는 탐, 진, 치가 가행(加行)11)이 되고 성내는 마음으로 말미암아 살생하는 일을 완성시킨다. 위의 살생하는 일과 마찬가지로, 추악한 말을 함과 성을 내는 업도(業道)에서도 역시 그러하다.

---

11) 방편이라는 뜻. 또는 공용을 더 행함. 즉 목적을 이루려는 수단으로 더욱 힘을 쓴다는 뜻.

살생하는 업도(業道)에서 "탐심(貪心)이 가행(加行)이
된다"는 것은 그 동물의 가죽과 고기 따위를 얻기 위
해서 하는 짓이요, 성냄이 마음의 가행(加行)이 된다는
것은 그 원한을 풀기 위해서 하는 짓이며, 어리석음이
가행(加行)이 된다는 것은 그것을 살해하여 제사(祭祀)
에 쓰기 위해서 하는 짓이다.

그리고, 성내는 마음으로 말미암아 살생하는 일을
완성시킨다는 것은 만일 무자비한 성을 내는 마음이
없으면 반드시 중생을 살해하지 않기 때문이다.

그밖에 추악한 말을 함과 성을 내는 업도(業道)에
관해서도 위와 같이 생각하면 알 수 있다.

주지 않는 것을 취하는 도둑질 업도(業道)에도 탐,
진, 치가 그의 가행(加行)이 되고 탐내는 마음으로 그
를 완성 시킨다. 도둑질의 업도에서와 같이 간음, 탐
욕 따위도 역시 그와 같다.

문(問): 탐욕 따위가 어떻게 탐, 진, 치 따위로써 그
가행(加行)이 되는가?

답(答): 앞에서 탐욕의 업도를 말하기를, "다른 사람
의 재산을 꼭 자기 것으로 만들겠다고 고집한다"고 하
였다. 만일 그 재산에 대하여 여타의 탐심을 먼저 내
고 그를 가행으로 추구하여 자기 소유로 만들려고 한
다면 그것을 곧 **탐심의 가행**이라고 하며, 만일 먼저

성내는 마음만 내고 딴 마음을 내지 않았으면 그것은 **성냄의 가행**이라고 한다.

만일 먼저 어리석은 마음을 내고 타인의 물건을 훔쳐서 자기의 소유로 만드는 것이 아무런 허물이 없다고 생각하면 그것은 곧 **어리석음의 가행**이다.

그와 같이 그 밖의 업(業)에 대해서도 그와 같이 알아야 한다.

거짓말을 하는 업도에 탐심, 성냄, 어리석음이 그 가행이 되는데 그 세 가지 중에서도 어느 한 가지로 말미암아 그를 완성시킨다.

거짓말과 마찬가지로 이간 붙이는 말과 추악한 말을 함에 대해서도 역시 그와 같다. 삿된 소견의 업도에도 탐냄, 성냄, 어리석음이 가행이 되고 그 어리석음으로 말미암아 그 사견(邪見)을 완성시킨다.

위의 잡집론에서 말씀한 사실로 미루어서 십악(十惡)의 업도(業道)가 하나도 번뇌로 말미암아 일어나지 않음이 없는 것을 알 수 있다.

한 사람의 악업이 그러하고 군중(群衆)의 공업(共業)인 악업도 역시 그러하다. 국가와 민족이 원한을 품고 원수를 만들어서 침략과 약탈을 일삼는 것은 국가와 민족의 탐욕에서 기인된 것이다. 그리고 성냄과 어리석음과 교만과 의혹과 나쁜 소견으로 국가와 민족 간에 살생, 도둑질, 간음, 거짓말, 이간 붙이는 말, 악담, 꾸미는 말, 탐욕, 성냄, 삿된 소견 따위를 일으켜서 땅을 다투어 전쟁함에 사람들을 죽이어 그 시체가 들판에 꽉 차고, 성(城)을 다투어 싸우매 사람들을 죽이어 그 시체가 성(城)에 가득하며, 남의 재물을 약탈하고 이권을 빼앗으며 부녀자를 강간하는 금수(禽獸)의 행위보다 못한 짓이 모두가 공동의 번뇌로 공동의 악업을 짓는 것에서 기인되지 않음이 없다.

그리고 그들이 종말에 가서는 도리어 무너지고 패망하여 나라가 망하고 인종(人種)이 멸망하는 공동의 고보(苦報)를 받게 된다. 괴로움은 업(業)으로 말미암아 생기고 업(業)은 혹(惑)으로 말미암아 일어나는 것이 천지의 경위(經緯)이니 그 철칙을 어느 누가 변동시키랴.

부처님께서 말씀하신 세간 진상의 인과(因果)가 그와 같나니 무릇 감정(感情)과 지식을 가진 사람은 모두 그 진리를 믿고 알아야 한다.

문(問): 고(苦)에 삼고(三苦)가 있고 업(業)에도 또한 삼업(三業)이 있다. 그리고 무너지는 괴로움과 변해지는 괴로움은 또한 착한 업으로 얻게 되고 착한 업은 혹(惑)으로 말미암아 생기는 것이 아니다. 그런데 어찌하여 일체 모든 업(業)이 모두 번뇌에서 생긴다고 말하는가?

답(答): 덧괴로움(苦苦)이 악업에서 생기는 것임을 밝히기 위하여 위에서는 탐심 따위의 번뇌만 설명하였다. 그러나 사실인 즉 십선업도(十善業道)는 탐심이 없음, 성냄이 없음, 어리석음이 없음 따위로 말미암아 생기거니와, 그러나 그것을 생략하고 설명하지 않았을 뿐이다. 또는 세간의 善法을 지으나 저 선업은 곧 유루(有漏)이다.

그러므로 선법이 생기더라도 거기에는 탐욕, 우치 따위가 붙어오기 때문에 무루(無漏)를 이루지 못하고 해탈을 얻지 못한다. **예를 들면 보시(布施)를 하더라도 그 보시하는 상(相)을 내어 보시했다는 것을 잊어버리지 못하므로, 아(我)와 아소(我所)의 집착으로 그 과보**(果報; 보시한 공덕)**을 탐하여 곧 저 선업**(善業; 보시)**이 번뇌를 떠나지 못한다.**

그러므로 세간의 모든 업(業)이 모두 혹(惑)으로 말미암아 생기기에 "혹(惑)은 업(業)의 근원이 된다"고 말한다. 그러나 또한 십선업도를 행하지 않는 것은 아니나 그것을 여기서 전적으로 논하지 않기 때문에 생략한 것이다. 더 자세하게 알려면 유가론(瑜伽論)12)과 잡집론(雜集論)13)을 읽으면 된다.

---

12) 〈유가사지론瑜伽師地論〉을 말한다.
13) 〈아바달마잡집론阿毘達磨雜集論〉을 말한다.

세 가지 정업淨業
왕생극락 하는
윤회를 벗어나

저 극락세계에 태어나고자 하는 이는
마땅히 삼복三福을 닦아야 하느니라.
첫째는 부모님께 효도 봉양하고,
스승과 어른을 받들어 모시며,
자비로운 마음으로 살생을 하지 말고,
열 가지 선업을 닦아야 하며,
둘째는 삼보를 받아들이고 늘 기억하여,
온갖 계행을 구족하고 위의를 범하지 않아야 하며,
셋째는 보리심을 발하고서 인과(염불성불)를 깊이 믿고
대승경전을 독송하도록 수행자를 권진勸進하여야 하느니라.
이와 같은 세 가지 일을 정업淨業이라 이름하느니라.
- 관무량수경

제3장 해결하는 방법

위에서 밝힌 세간의 진실은 혹(惑), 업(業), 고(苦) 3가지가 서로 기인(起因)하여 이루어지는 것임을 이미 알았으니 다음에는 그 모든 괴로움을 벗어나는 해결방법을 알아야 한다.

문(問): 어떻게 하면 온갖 괴로움을 제거해 버리고 완전한 안락(安樂)을 얻게 되는가?

답(答): 세간(世間)의 실상(實相)은 혹(惑)과 업(業)이 서로 생김의 인이 되고, 다시 업과 고(苦)가 서로 느끼고 반응하는 것임을 이미 알았으니, 곧 온갖 괴로움을 완전히 해결하는 방법을 알 수가 있다.

말하자면 저 괴로움이 업(業)으로부터 생겼으니, 그 괴로움을 받지 않으려면 먼저 저 악업(惡業)을 짓지 아니할 것이다. 만일 저 악업이 없어지면 모든 괴로움도 따라 없어진다.

그리고 그 다음에는 "업(業)이 혹(惑)으로 말미암아 생긴 것"을 깊이 생각할 것이니, 저 업(業)을 짓지 않으려면 응당 저 번뇌를 일으키지 않아야 한다.

　그리하여 저 번뇌(즉, 혹惑)가 없어지면 모든 업(業)이 저절로 그치게 된다. 혹(惑)이 없어지면 업(業)이 없어지고 업이 없어지면 괴로움이 없어지나니 좋은 방법이 그보다 더 뛰어난 것이 또 어디 있으랴. 세간의 괴로움을 해결하는 것이 참으로 쉽고 용이하다고 하겠다.

　그러나 저 번뇌를 어떻게 끊을 수 있느냐? 진실로 그 문제를 해결하지 못하면 그 밖의 것도 모두 탁상공론(卓上空論)이 될 것이다.
　우리는 그러한 사실을 꼭 알아야 할 것이니 번뇌의 복잡함이 어지러운 실타래와 같아서 복잡다단할 뿐만 아니라 이 번뇌가 사라지면 저 번뇌가 다시 일어나니 그것을 어찌 쉽사리 끊겠는가? 좋은 방편이 없고서는 반드시 좋은 결과가 없을 것이다.
　그러므로 부처님께서는 첫머리에 아집(我執; '나'라는 집착)을 쳐부셨으니 그 법이 참으로 가장 좋은 방편이다.

　모든 탐냄, 성냄, 어리석음, 거만 따위가 생기게 된 것이 아집(我執) 때문이며, 모든 나쁜 소견이 일어나는 것도 또한 아집(我執) 때문이다.
　아(我)에 고집하기 때문에 다시 아소(我所; 내 것)를 고집하여 아집(我執)과 아소(我所)가 치성하고 견고해

져서 탐냄, 성냄, 거만, 의혹 따위가 그로 인하여 생기게 된다.

만일 아(我)를 고집하지 아니하고 아소(我所)를 찾아 헤매지 아니하면 다시 무슨 탐욕이 있으랴. 아(我)가 공(空)해서 나를 어기는 것이 본래 없는데 무슨 성냄이 있으랴.

아집(我執)을 떠나면 자타(自他)가 평등한데 무슨 거만함이 있으랴. 법(法)에는 본래 '나'가 없음을 통달하여 밝게 보아서 헷갈리지 아니한데 무슨 어리석음과 의혹이 있으랴. 그러므로 모든 번뇌가 다 '나'로 말미암아 생겼나니 '나'라는 소견(所見) 없어지면 모든 번뇌가 영원히 없어진다.

'나'를 고집하기 때문에 '나'라는 존재가 없어진다[단견斷見]고 보거나 항상하다[상견常見]고 잘못 생각하여 뒤바뀌게 분별하면서 온갖 삿된 소견을 일으키어 어떤 방편을 볼 적에는 그것을 수승하다고 고집하며, 그 벗어나는 방법에 대해서도 다시 이취(二取)[14]를 내거니와, 만일 아견(我見)이 없어지면 모든 소견(所見)들이 그 뿌리를 잃어버리게 된다.

그것이 마치 머리가 땅에 떨어짐에 목숨이 의지할 곳이 없게 되어 오관(五官)과 백해(百骸)가 함께 다 죽는 것과 같다.

---

14) 아집취(我執取)와 명언취(名言取)

그러므로 아견을 끊으면 소견을 다 떠나게 된다. 그로 말미암아 부처님께서 "번뇌를 끊으매 아견을 끊는 것이 근본이 된다"고 하신 것이다.

아집(我執)을 끊으려 하면 이와 같은 '나'가 참으로 있는 것인가, 참으로 없는 것인가를 응당 먼저 관찰해야 한다.

만일 이 '나'가 참으로 있으면 그를 끊을 수 없을 것이요, 만일 '나'가 없다면 끊을 필요조차 없을 것이다.

부처님께서는 이 '나'가 있는가 없는가를 알도록 하시어 중생들로 하여금 헛수고를 하지 않도록 법상(法相)[15]을 분석하시되 오온(五蘊)·십이처(十二處)·십팔계(十八界)의 법을 말씀하시어 중생들로 하여금 그 실아(實我)가 있는 것이 아님을 깊이 관찰하게 하셨다.

그러므로 지금에 그 삼법(三法; 오온, 십이처, 십팔계)의 내용이 어떤가를 대략 밝히겠다.

---

15) 천지만유의 모양, 제법의 모양을 설명한 교법

제1절 오온五蘊

온(蘊)이란 많은 법을 쌓아 모아서 한 무더기가 되었을 때, 그 쌓임(蘊)을 말한다. 이 쌓임에는 크게는 5가지가 있으니 색(色; 물질), 수(受; 느낌), 상(想; 생각), 행(行; 흘러감), 식(識; 인식)이 그것이다.

첫째, 물질 쌓임(색온)은 오근(五根; 눈, 귀, 코, 혀, 몸의 根)과 오경(五境; 빛깔, 소리, 냄새, 맛, 닿임인 오진五塵)과 법처소섭색(法處所攝色)의 법진(法塵)을 말한다.
법처소섭색에도 5가지가 있다.
① 극약색(極畧色): 有形의 물질을 분석하여 볼 수 없는 최극점에 이르는 것으로서 원자, 분자와 같은 것을 말한다. 극미(極微)라고도 한다.
② 극형색(極逈色): 빛, 그림자 등 무형의 물질[假色]을 분석하여 얻어진 극미(極微).
③ 수소인색(受所引色): 계(戒)를 받기 때문에 수계(受戒)에 인발(引發)하는 무표색(無表色), 즉 수계의 공덕 따위.
④ 정소인색(定所引色): 정자재(定自在)에서 생긴 색(色). 또는 정과(定果)라고도 하니 정력(定力)에 의해 변작(變作)된 오진(五塵) 따위로서 다른 중생

에게도 수용하게 함.

⑤ 변계소기색(偏計所起色): 환각(幻覺)의 대상으로서 제육식(第六識)이 허망하게 분별한 거북털, 허공꽃 따위이다.

위의 자세한 설명은 유가론과 잡집론에 나와 있다.

그를 총괄하여 말하면 안으로는 근신(根身; 육근과 신체)과 밖으로는 기계(器界; 세계)와 사대종(四大種; 지수화풍 地水火風)에서 이루어진 것들로서 인식하는 식(識)과 소의(所依)와 소연(所然)이 되는 것을 통틀어 물질(色)이라고 하는데, 방소(方所)와 시현(示現)함과 촉대(觸對)함과 변괴(變壞)하는 모든 것이 색(色)에 해당된다.

그와 같은 모든 물질(色)에 다시 가지가지 차별인 내(內)·외(外)와 추(麤)·세(細)와 승(勝)·렬(劣)과 원(遠)·근(近)과 과거(過去)·현재(現在)·미래(未來) 등인 11종의 그것들이 모두 하나의 무더기를 이루었기 때문에 물질의 쌓임, 색온(色蘊)이라고 말한다.

둘째, 느낌의 쌓임(수온受蘊)이란 마음과 경계가 서로 대함에 곧 삼수(三受)가 생기나니 고수(苦受), 낙수(樂受), 사수(捨受)이다.

그 수(受)를 다시 5가지로 분류하니 삼수에다 우수(憂受; 근심)와 희수(喜受; 기쁨)를 더 첨가한다.

또 육근(六根)에 의하여 여섯 가지로 분류하기도 하나니 안촉(眼觸)에서 생기는 안촉소생수(眼觸所生受) 내지 의촉소생수(意觸所生受) 등인 육수(六受)이다.

또 몸과 마음에 의하여 신수(身受), 심수(心受)인 두 가지로 분류하기도 하고, 유애미의 수(有愛味受)와 무애미인 수(無愛味受), 탐기(耽嗜)에 의한 수(受)와 출리(出離)에 의한 수(受) 등 4가지로 분류하기도 한다.

이 수온(受蘊)에도 색온(色蘊)처럼 과거, 미래 따위의 11종의 차별들이 모두 하나의 무더기가 되었기에 느낌의 쌓임(受蘊)이라고 한다.

셋째, 생각의 쌓임(想蘊)이란 느낌에 의하여 생각이 일어난다. 이것도 역시 수온과 같이 육근의 촉(觸)에 의해서 생기는 6가지의 분류가 있고 또한 11종의 차별이 있다.

넷째, 흘러감의 쌓임, 즉 행온(行蘊)이란 짓는다는 뜻도 있는데, 육근에 의한 여섯 가지로 분류함이 있고 색온, 수온, 상온을 제외한 그 외의 불상응행법(不相應行法)을 모두 행온(行蘊)이라고 한다.

다섯째, 인식의 쌓임, 즉 식온(識蘊)이란 심(心)·의(意)·식(識)의 차별을 말하나니 심(心)은 제팔식, 의(意)는 제칠말나식, 식(識)은 제육의식이다.

그와 같은 모든 식(識)이 모두 8가지가 있고, 또 이 모든 식(識)에 과거, 미래 따위가 있어서 총관적으로 한 무더기가 되었으므로 식온(識蘊)이라고 말한 것이다.

그와 같은 오온(五蘊)을 어떻게 분석하느냐. **범부들이 오온 전체를 '나'라고 보는 그 '총체적인 나'를 해부하여 분석해 보면 그것들이 뿔뿔이 흩어져서 '총체적인 하나의 나'가 성립되지 않는다.**
그러나 모든 중생들은 그 오온법에 대하여 총괄적으로 고집하여 '나'라고 여기고 있다. 그러므로 지금에 그와 같은 '총체적인 나'가 곧 오온에 의하여 성립된 것임을 곧 밝힐 수 있다.

그렇다면 그 오온이 하나인가, 여러 가지인가? 오온이 따로따로 별개로 되었기에 하나가 아니다. 그것이 이미 하나가 아니니 어느 것이 하나인 '나'이냐? '하나의 나(一我)'가 응당 많은 법을 이루지는 않는다.
'총체적인 하나의 나'가 이미 아니라면 '개별적인 나'는 또 어떠한가? '개별적인 나'도 역시 '나'가 아니다, 아(我)란 항상하고 하나이고 주재(主宰)의 상성이어야 아(我)라고 할 수 있는데, 이 오온의 법(法)을 '나'라고 여기는 그 오온은 항상하지도 않고, 하나가 아니며, 어떤 주재성도 없다.

그러므로 그 아(我)란 이렇게 보나 저렇게 보아도 성립되지 않나니 그러기에 오온법(五蘊法)에 '나'가 없다는 것을 알 수 있다.

낱낱 중생마다 오온에 의해서 성립된 것이 여러 가지로 모이고 어울려 형성된 군대나 숲과 같아서 실아(實我)는 성립되지 않는다. 사람이 모여서 가정을 이루고 가정이 모여서 나라를 이루었나니 이 가운데에 어찌 '나'가 있겠는가.

중생들이 **개별적인 나(個我)** 이외에 다시 **'공동체인 나'(共我)**를 고집해서 나의 집, 나의 나라라고 하여 분쟁을 그치지 않고 원한을 되풀이하여 살해와 도둑질을 서슴지 않고 함부로 저지르나니, 부처님임 말씀하신 바 "크게 어리석어서 참으로 가련하다"는 것이다.

유교(儒教)에서는 자아(自我)인 개인주의(個人主義)를 내세우지 않고 오직 윤리(倫理)만 있나니 그 개인은 일군(一群; 한 공동체)의 윤리일 뿐이다.

그러므로 아버지에 대해서는 아들이고 아들에 대해서는 아버지이며, 형(兄)에 대해서는 동생이고 동생에 대해서는 형(兄)이며, 임금에 대해서는 신하이고 신하(臣下)에 대해서는 임금이며, 부부(夫婦)에 대해서는 부부이고, 친구에 대해서는 친구이다.

나에 '나'라는 것은 없고 다만 아버지의 아들, 형의 아우, 아내의 남편, 임금의 신하, 친구의 친구이며, 내지 아들의 아버지, 아우의 형, 남편의 아내, 신하의 임금일 뿐이다.

곧 상대가 되는 모든 경우에 모두 당연히 다해야 할 의무만 있나니 임금이 되매 인자함을 가져야 하고, 신하가 되매 공경을 해야 하고, 아들이 되매 효도를 해야 하고, 아버지가 되매 사랑을 해야 하고, 나라 사람들과 사귈 때에는 신의(信義)를 지켜야 하고, 권력과 이익을 다투거나 재앙과 손해를 구차하게 기피하려는 것이 별로 없다.

신하로서는 충성을 다하고 아들로서는 효도를 다하며, 재물에 대해서는 구차하게 얻으려는 생각이 없고, 어려움에 당해서는 구차하게 모면하려는 생각이 없으며, 생명을 버려서라도 인(仁)을 이루고, 살기를 도모하여 인(仁)을 손상시키지 않는다.

그러므로 공자(孔子)는 "군자(君子)는 의리를 소중히 여기고 소인(小人)은 이익만을 밝힌다"고 하였다.

개인주의가 없고 윤리 도덕만을 전제로 하는 사상이 불교(佛敎)에서 "오온(五蘊)이 모이어 합(合)해졌고 모든 법에는 나라는 것이 없다(諸法無我)"라고 보는 것과 잘 부합된다.

제2절 십이처十二處

십이처(十二處)란 내(內)의 육처(六處)인 안(眼)·이(耳)·비(鼻)·설(舌)·신(身)·의(意)의 육근(六根)과 외(外)의 육처(六處)인 색(色)·성(聲)·향(香)·미(味)·촉(觸)·법(法)의 육진(六塵)을 말한다.

무슨 의미로 오온(五蘊) 외에 또다시 십이처를 말했느냐 하면, 식(識)이 생장(生長)하는 문(門)이 곧 처(處)의 의미이니16)**, 그 식(識)은 자성(自性)이 없고 육근, 육진을 상대함에 인하여 생기게 되고 그것 역시 실아(實我)가 아니므로 십이처를 밝힌 것이다.**

무슨 까닭이냐 하면 오온에는 여러 가지가 모여 있어서 '나'가 없으나 그러나 중생들이 다시 식(識)을 고집하여 '나'라고 여기기 때문이다.

세간의 중생이 **식온(識蘊)을 고집하여 아(我)로 생각하고 그 밖의 색온(色蘊), 수온(受蘊), 상온(想蘊), 행온(行蘊) 등 사온(四蘊)에 대해서 아소(我所)라고 고집**한다.

그러므로 이 십이처를 말하여 그 식온(識蘊)은 근(根)과 경(境)에 의지하여 생기게 되어 그 자체의 성능

---

16) 심(心)과 심소(心所)가 육근과 육진에서 생성하고 자란다는 뜻.

이 없고 자재(自在)함이 없으니, 자재함이 없기 때문에 곧 이 아(我)가 있는 것이 아니라는 것이다.

그 아집(我執)이 이미 파괴되매 아소(我所)도 역시 부서지나니 아집(我執)을 거듭 쳐부수기 위하여 십이처를 다시 밝힌 것이다.

제3절 십팔계十八界

십팔계(十八界)란 안계(眼界), 색계(色界), 안식계(眼識界)와 같이 구성한다. 즉, **안(眼)·이(耳)·비(卑)·설(舌)·신(身)·의(意)의 육근과 색(色)·성(聲)·향(香)·미(味)·촉(觸)·법(法)의 육진, 여기에 육식을 합하여 십팔계라고 말하나니**. 그 중의 육근(六根), 육진(六塵)은 곧 십이처이고, 육식계(六識界)는 곧 십이처 중의 의처(意處)에 해당되고, 십팔계가 또한 오온법(五蘊法)에 해당되기도 한다.

무슨 뜻에서 오온과 십이처 외에 따로 십팔계를 세웠느냐? 계(界)는 종족(種族; 한계)의 뜻과 임지(任持; 인因)의 뜻이니 낱낱의 계(界)가 모두 자성(自性)의 종류(즉 種族)가 각각 달라서 그 자체들을 능히 가지고 잃지 않으므로 계(界)라고 말한 것이다.

위에서 말한 십이처에 아(我)가 없는 것을 알았으나 그러나 **유물무심(唯物無心**; 물질 뿐이고 마음은 없다고 함)인 유물사상에 빠져 들어가기가 쉽다.

왜냐하면 이미 모든 식(識)이 육근과 육진에 의지한 후에야 생기게 된 그것은 근(根)과 경(境; 즉 진塵)이 없을 경우에는 곧 심식(心識)이 없을 것이며, 혹은 이 모든 식(識)이 근(根)과 경(境)에서 생긴 것이므로 식(識)은 곧 본래 있는 것이 아니고 저 근(根)·경(境)에 따른 후에 생겼으니 이는 곧 "물질이 심식(心識)을 만든 것이다"라고 하여 **"물질뿐이고 마음은 없다"고 하므로 이러한 생각을 쳐부수기 위하여 십팔계를 말했다.**

계(界)란 또한 인(因)이라는 뜻이니 모든 법마다 각각 자기의 종자(種子)가 있어서 자기의 종자로부터 생기고 딴 종자와 타(他)의 법으로 생기지 않는다(콩에는 콩이 생기고 팥에는 팥이 생김).

그리고 저 근(根)과 경(境)은 다만 모든 식(識)의 증상연(增上緣)17)과 소연(所緣)18)의 연(緣)이 될 뿐이고 모든 식(識)의 친인연(親因緣)은 아니다.

마치 저 곡식에 토양과 비료와 인공(人工), 일광(日光), 우로(雨露) 등이 없으면 곡식이 나서 자라지 못하나, 만일 팥, 보리의 종자가 없으면 저 토양 따위가 어떻게 저 곡식을 발생하게 하겠는가.

부처님께서는 "인(因; 주되는 원인)만으로는 나지 못하고 반드시 연(緣; 보조되는 요건)을 필요로 하여 생(生)한다"는 것을 밝히기 위하여 십이처를 말씀하셨으며, 또 모든 법은 인(因)이 없는 연(緣)만은 생기지 못하고 반드시 자체 인(自因)을 의지해야만 생길 수 있는 것을

---

17) 어떤 것이 생겨나는데 힘을 주어 돕거나 방해하지 않는 연(緣).
18) 심식(心識)의 대상인 그것이 마음작용을 일으키는 연(緣).

밝히기 위하여 다시 십팔계를 말씀하셨다.

　연(緣)이 다름으로 말미암아 과(果)의 생김도 달라짐
이 있나니 이 눈과 빛깔은 안식만 나게 하고 이식(耳
識)을 나게 하지 못한다.
　또 인(因)이 다름으로 말미암아 과(果)의 생김도 또
한 다르니 이 안식(眼識)은 오직 안식의 자기 종자(自
種)로부터 생기고 이식(耳識)의 종자로부터 생기지 않
으며 눈의 종자와 색의 종자로 생긴다. 그것이 마치
콩을 심은 데에 콩이 나고 팥 심은 데에 팥이 나는
것과 같아서 종자가 생기어 결과로 나타나는 것이 반
드시 그 원인과 같아지게 된다.
　그런데 비와 이슬이 순조롭거나 순조롭지 못하거나
인력(人力)으로 잘 가꿈과 잘못 가꿈 등의 여러 가지
같지 아니한 인연으로 말미암아 그 종자의 수확이 많
거나 작은 차이가 또한 다르나니, 이것은 결과로 나타
나는 것이 또한 연(緣)에 따라서 달라지는 것이다.

　서양의 학설은 원인과 결과를 애써서 구하나 연(緣)
만 알고 인(因)을 알지 못하므로 환경이 그 심지(心志)
를 형성한다고 하며, 물(物)의 변화는 순전히 하느님이
선택한 것이라고 본다. 그리고 지적 능력이 동등한 아
이들은 교육과 환경의 북돋우는 차이로 인하여 그 성
취되는 것이 다르다고 하여 공과 허물을 모두 환경에

다 돌리고 있다.

그러나 교육과 배양(培養)이 동일하여도 아이들의 성취되는 것이 이에 천차만별의 현상이 나타나고 있으니 저 아이들의 본래 몸과 마음과 지능이 각각 다른 것을 또한 부인할 수 없는 사실이다.

원인(原因)의 힘을 없앨 수가 없는 연후에도 보조의 연(緣)을 받을 가능성이 있으며, 또 원인의 힘이 강성하므로 말미암아 환경을 반대로 제압하거나 현연(現緣)을 개혁하는 위대한 업적이 있게 된다.

만약 그렇지 않고 사람의 마음이 솟아 있는 산과 흐르는 물과 날리는 기와와 떨어지는 별처럼 오직 물리(物理)의 지배만을 받는다면 완전히 매가리가 없는 목석(木石)과 같나니 어찌 유정(有情)한 인간이라 말하겠는가.

부처님께서는 그러한 연기법을 깊이 관찰하시고 인연으로 되는 이치를 갖추 말씀하셨으니 이것이 곧 십이처 외에 십팔계를 별도로 세우신 까닭이다.

십팔계는 인(因)·과(果)를 능지(能持)하는 의미로서 모든 법의 자성과 차별을 능히 지니고 있다.

십팔계의 법(法)은 눈, 빛깔, 안식(眼識) 따위가 각각 그 자성(自性)이 있고 서로서로 차별하여 질서가 정연하고 문란하지 아니하므로 이 십팔계를 말씀하시어 또한 아(我)의 일합상(一合相; 我가 여러 가지로 모인 한

덩어리라고 하는 생각)을 쳐부순 것이다.

일체 중생이 각기 십팔계를 갖추고 있어서 인과(因果)의 자성이 각각 차별하거니 어찌 그 가운데에 아(我)가 있겠는가.

위에서 오온(五蘊), 십이처(十二處), 십팔계(十八界)를 이미 설명했으니 다음에 십이연기(十二緣起)와 사성제(四聖諦)를 밝히겠다.

제법무아(諸法無我)를 밝히기 위하여 부처님이 오온, 십이처, 십팔계를 말씀하셨고, 제법상생(諸法相生)하는 염정(染淨)의 인과(因果)가 각각 유(類)를 형성하는 것을 밝히기 위하여 다시 십이연기와 사성제를 말씀하셨다.

제4절 십이연기十二緣起

십이연기란 무명(無明)이 행(行)을 인연하고, 행(行)은 식(識)을 인연하며, 식(識)은 명색(名色)을 인연하고, 명색(名色)은 육입(六入)을 인연하며, 육입(六入)은 촉(觸)을 인연하고, 촉(觸)은 수(受)를 인연하며, 수(受)는 애(愛)를 인연하고, 애(愛)는 취(取)를 인연하며, 취(取)는 유(有)를 인연하고, 유(有)는 생(生)을 인연하며, 생(生)은 노사(老死)·우비고뇌(憂悲苦惱)를 인연한다.

① **무명(無明)**이란 무지(無知), 불각(不覺)의 성질로서 삼계(三界) 육도(六途)의 이숙(異熟)인 우치(愚癡)이니, 범부들이 세간과 출세간의 두 가지 괴로움(분단생사의 苦와 변역생사의 苦)을 제대로 통달하여 알지 못하므로 삼계육도의 이숙인 모든 업(業)을 짓고 고통을 받게 한다.

② **행(行)**이란 천류(遷流)하는 것으로서 곧 업(業)을 짓는 것이니 이 업에는 복업(福業)과 비복업(非福業)과 부동업(不動業)인 3종류가 있다.

앞에서 이미 설명한 것과 같다. 그러한 행(行)으로 말미암아 미래의 이숙과(異熟果)를 받게 된다.

③ **식(識)**은 곧 심식(心識)이니, 이 식(識)이 모든 법(法)의 종자를 지니고 있어서 오온을 능히 일으키나니 그것은 곧 명색(名色)으로 이루어지는 그것이다.

④ **색(色)**은 곧 색온(色蘊)이고 명(名)은 색(色)이 아닌 수(受)·상(想)·행(行)·식(識)인 사온(四蘊)인데 그것은 눈으로 볼 수 없고 이름으로만 알 수 있기 때문에 **명(名)**이라고 말한 것이다.

⑤ 그 명색(名色)으로 말미암아 **육입(六入)**을 별도로 일으키나니 곧 내(內)의 육처(六處)이다.

⑥ 그 육처(六處)가 능히 경계를 취하여 **촉(觸)**을 내나니 촉(觸)은 촉의 대상과 능히 화합되는 육근(六根)·육경(六境)·육식(六識) 셋이 여러 가지 촉을 일으키는 것이다.

⑦ 그리고 그 촉(觸)으로 말미암아 고(苦)·낙(樂)·사(捨) **삼수(三受)**를 일으키나니 순경(順境)에서는 낙수(樂受)가 일어나고 역경(逆境)에서는 고수(苦受)가 일어나며, 고(苦)와 낙(樂)이 아닌 환경에서는 사수(捨受)가 일어난다.

⑧ 수(受)로 말미암아 **애(愛)**를 일으키나니 쾌락 따위의 환경에 대해서 탐애(貪愛)를 내기 때문이다.

⑨ 어리석은 사람들은 달콤한 맛과 낚싯밥에 걸려들면서도 죽을 줄을 모르고 그에 애착을 굳

게 가져서 화(禍)를 자초한다.

⑩ 애착이 더욱 증가하는 것을 **취(取)**라고 말하나니 굳게 집지(執持)하여 놓아버리지 않기 때문이다.

⑪ 취(取)하기 때문에 **유(有)**를 인연하게 되나니 애(愛)와 취(取)가 과거의 업식(業識) 종자를 자윤(資潤; 도와서 불어나게 함)함이 물이 곡식 종자를 적셔줌에 불어나서 싹이 나는 것과 같다.

⑫ 그와 같은 업식이 자윤을 받으매 능히 삼계(三界), 사유(四有; 생노병사), 25유(有) 등을 일으키나니 그러므로 취(取)가 유(有)를 인연한다고 말한 것이다.

유(有)의 종자(種子)가 이미 현재의 과(果)를 능히 발생했기 때문에 유(有)가 **생(生)**을 인연(因緣)한다고 말함이니, 그것은 곧 **식(識), 명색(名色), 육입(六入), 촉(觸), 수(受)**가 현재에 생(生)한 것이다.

생하면 반드시 늙고 생하면 반드시 죽게 되며, 늙어 죽음에는 반드시 **근심, 걱정, 슬픔, 괴로움**이 뒤따르기 때문에 생(生)은 **노사(老死)·우비고뇌(憂悲苦惱)를 인연**한다고 말한 것이다.

그렇다면 행(行)으로부터 식(識)과 내지 유(有)로부터 생(生)의 결과는 다만 늙어 죽음과 근심, 걱정, 슬픔인 가지가지 고뇌만 얻을 뿐이다.

그런데도 **생명 따위를 좋아하고 즐겨서 싫어하지 않고 애착하고 취(取)하여 떠나려고 하지를 아니하나니, 그것이 무명(無明)의 어리석음이 아니고 무엇이겠는가?**

그러므로 십이연기가 무명에서 시작하고 노사(老死)에서 끝나는 혹(惑)·업(業)·고(苦) 3가지 진상이 그와 같다.

이 가운데에 무명(無明)과 애(愛)와 취(取)는 **혹(惑)**이고, 행(行)과 유(有)의 일부분은 곧 **업(業)**이고, 식(識)·명색(名色)과 내지 생(生)과 노사(老死)는 곧 **고(苦)**이다.

혹(惑)으로 말미암아 업(業)을 짓고 업(業)으로 말미암아 고(苦)를 받게 된다.

십이유지(十二有支: 즉 십이연기)의 연기는 제법의 상생(相生)만을 밝힐 뿐만 아니라 또한 세간이 그로 말미암아 생긴 것임을 밝힌 것이다.

예로부터 세간이 생긴 원인은 혹은 "조물주가 세상을 창조하여 만물(萬物)을 화생(化生)했다"고 하니, 이 말은 **신조설(神造說)**이다.

혹은 "물질이 진화하여 인류를 만들어냈고 인류가 진화하여 심지(心智)가 생겼다"고 하니 이것은 **유물론(唯物論)**이다.

혹은 음양(陰陽)과 오행(五行)이 만물(萬物)을 화생했으며 만물이 종말에 없어질 적에는 다시 하늘과 땅에 되돌아간다고 하니 이것은 **기화설(氣化說)**이다.

부처님은 세간의 십이연기를 말씀하시어 모두 주재(主宰)가 없다고 하셨으니, 그러므로 신(神)이 창조한 것이 아니다. 무명(無明)이 행(行)을 인연하고 행(行)은 식(識) 따위를 인연하여 차례로 내심(內心)에 의하여 발전한 것이라고 하였으니, 그러므로 유물(唯物)로 된 것이 아니고, 또한 기화(氣化)도 아니다.

종래의 물질론을 고집하는 사람은 신(神)의 창조를 부정하고, 유심(唯心)을 내세우는 사람은 아(我)가 있는 것으로 내세우고 있으나, **지금 이 불법(佛法)에 "인연(因緣)으로 생겼다"고 말하는 연생(緣生)의 정리(正理)는 아(我)도 아니고 신(神)도 아닌 연기론(緣起論)이다.** 이 정리(正理)야말로 정미롭고 심오하고 탁월하고 가장 특수하니 어찌 위대하지 않다고 하겠는가. 세간 연기의 실상(實相)이 그와 같나니, 그러므로 불법(佛法)이 세간에서 가장 으뜸이고 압도적인 이론이다.

세간이 연기(緣起)로 말미암아 생긴 것을 알았으면 곧 세간이 역시 연기(緣起)로 말미암아 없어지는 것을 알게 마련이니, 그러므로 부처님께서 다시 말씀하시기를,

"무명(無明)이 없어지면 행(行)이 없어지고,

행(行)이 없어지면 식(識)이 없어지고,

식(識)이 없어지면 명색(名色)이 없어지고,

명색(名色)이 없어지면 육입(六入)이 없어지고,

육입(六入)이 없어지면 촉(觸)이 없어지고,

촉(觸)이 없어지면 수(受)가 없어지고,

수(受)가 없어지면 애(愛)가 없어지고,

애(愛)가 없어지면 취(取)가 없어지고,

취(取)가 없어지면 유(有)가 없어지고,

유(有)가 없어지면 생(生)이 없어지고,

생(生)이 없어지면 노사(老死)·우비고뇌(憂悲苦惱)가 모두 없어진다"고 하셨다.

위에서 이미 "환원하여 없애는 **환멸인유(還滅因由)**"를 설명했으나 어떻게 해야 만이 무명(無明) 따위의 법을 능히 소멸시켜서 다 없어지게 할 것인가를 자세히 밝히지 못했다. 더 자세하게 밝히려면 응당 사제법(四諦法)을 연구해야 한다.

第一義空 有業有報 不見作者
又 斷滅空則無善無惡 無因無果
愚人說空卽生妄解 而謗佛意 增空見而滅善因
諸佛說空 爲空無明而成福業 破遍計而了圓成

제불께서는 공을 요달케 하셨거니와
어리석은 사람은 공을 설하면 곧
망령된 알음알이를 내어 부처님의 뜻을 비방하고
공견空見만을 더하여 선인善因을 멸하는 것이다.
또 단멸공斷滅空인 즉 선도 악도 없고 인도 과도 없거니와
제일의공第一義空은 업業도 있고 보報도 있되
다만 짓는 자(作者)를 볼 수 없는 것을 이른다.
- 영명연수 선사의 〈만선동귀집〉

제5절 사성제四聖諦

사제(四諦)란 고제(苦諦) · 집제(集諦) · 멸제(滅諦) · 도제(道諦)이니, 지극한 이치는 허망이 아니며 그 말도 헛되지 않으므로 제(諦; 진실)라고 말한 것이다.
고(苦)는 참으로 고(苦)이고 낙(樂)이 아니며,
집(集)은 참으로 집(集)이고 집(集) 아닌 것이 아니며,
멸(滅)은 참으로 멸(滅)이고 멸(滅) 아닌 것이 아니며,
도(道)는 참으로 도(道)이고 도(道) 아닌 것이 아니니.
그러므로 네 가지를 다 제(諦; 진실)라고 말한 것이다.

① **고제(苦諦)란** 괴로움의 진리이니, 유정의 세간(有情世間)과 기세간(器世間)으로 그 자체가 되었고 삼고(三苦), 팔고(八苦)와 내지 백십일고(百十一苦)로 양상이 되었다. 또 무상(無常) · 고(苦) · 공(空) · 무아(無我)로 그 양상이 되었다.

② **집제(集諦)[19]란** 쌓임의 진리로서 번뇌가 증가하여 일으키는 모든 업(業)으로 그 자체가 되었다. 또

---

19) 구역(舊譯: 구마라집 번역본)에서는 집(集)을 습(習)이라 번역하였다. 습은 곧 습관이니, 이는 중생이 일상을 영위하며 짓는 행의 중요함을 보다 현실감 있게 알려주는 개념이다.

세간의 모든 괴로움을 일으키는 것으로서 그 양상이 되었으며, 또 다시 인연이 생기어 모이는 것으로서 그 양상이 되었다.

집(集)은 고(苦)의 원인이 되고 고(苦)는 집(集)의 결과가 되나니, 이 두 가지가 **혹(惑)·업(業)·고(苦)**의 세간(世間) 인과(因果)를 포괄한다.

③ **멸제(滅諦)란** 사라짐의 진리로서 진여(眞如)의 성도(聖道)이며 번뇌가 나지 않는 것이다.

여기에서는 번뇌가 나지 아니함으로 업(業)이 또한 나지 않나니 그것은 곧 세간의 인(因)이 없어진 것이고, 혹(惑)과 업(業)이 나지 아니하므로 고(苦)가 또한 나지 않나니, 이것은 세간의 과(果)가 없어진 것이다.

고(苦)와 집(集)이 함께 없어지매 속박을 떠나 해탈하여 생사(生死)를 영원히 벗어나고 열반(涅槃)을 영원히 증득하나니, 그것이 곧 멸제이다.

④ **도제(道諦)란** 도(道)의 진리로서 이 도(道)로 말미암아 고(苦)를 알고 집(集)을 끊으며 도(道)를 닦아 열반(곧 寂滅적멸)을 증득한다.

이 도제에 다섯 가지가 있으니,

첫째, 자량(資糧)의 도(道)

둘째, 가행(加行)의 도(道)

셋째, 견도(見道)

넷째, 수도(修道)
다섯째, 구경(究竟)의 도(道)이다.

또 두 가지가 있으니,
세간의 도(道)와 출세간의 도(道)이다.

또 네 가지가 있으니,
첫째, 방편의 도(道)
둘째, 무간(無間)의 도(道)
셋째, 해탈(解脫)의 도(道)
넷째, 승진(勝進)의 도(道)이다.

이와 같이 광범위하게 말하면 한량없으나 여기에는 생략하고 37종의 보리분(菩提分) 법(法)을 대략 말하여 수행하는 이로 하여금 그 방향을 대략 알게 하겠다. 37보리분 법이란 사념주(四念住)·사정단(四正斷)·사신족(四神足)·오근(五根)·오력(五力)·칠각지(七覺支)·팔정도(八正道)를 말한다.

(1) 사념주(四念住)

사념주(四念住)란 **사념처(四念處)**라고도 하며, 신념주(身念住)와 수념주(受念住)와 심념주(心念住)와 법념주

(法念住)이다.

　말하자면 생각(念)을 집중(住)하여 몸에 따른 **관(觀)**을 닦는 것이며, 또는 생각을 법에 집중하여 법에 따른 관을 닦는 것이다.

　생각을 집중한다는 것은 그 생각을 몸과 수(受)와 법(法) 따위에 집중시켜서 생각이 밖으로 달려가지 않게 하기 때문이다.

　몸에 따른 관(觀)을 닦는 것은 몸은 부정(不淨)하다고 관(觀)하며, 수(受)는 괴롭다고 관(觀)하며, 마음은 무상(無常)하다고 관(觀)하며, 법(法)은 아(我)가 없다고 관(觀)하는 것이다.

　어찌하여 생각을 집중시켜서 그와 같은 관(觀)을 닦느냐? 말하자면 중생들이 네 가지 뒤바뀜에 빠져서 부정한 것을 깨끗하다고 잘못 보며 괴로움을 낙(樂)이라고 잘못 보고 무아(無我)인 것을 아(我)가 있는 것으로 잘못 본다.

　그러한 네 가지 뒤바뀜으로 말미암아 중생(衆生)들이 세간을 탐내고 그리워하며 세간에 속박되고 벗어나는 수행을 하지 아니하여 해탈의 도(道)를 얻지 못하나니, 그러한 네 가지 뒤바뀜을 다스려 제거하기 위하여 몸이 부정하다는 따위를 관(觀)하는 것이다.

　① **몸이 부정하다고 어떻게 관(觀)하느냐?**

말하자면 자신의 몸에는 정혈(精血)과 똥오줌과 땀과 진액이 항상 흐르고 있으며 피육(皮肉)과 해골과 간, 쓸개, 위장 따위의 가지가지 부정한 것들이 모여서 된 것이라 관한다.

얇은 피부가 외부에 덮여서 깨끗하고 아름다운 것처럼 보이나 얇은 피부를 깎아버릴 경우에는 괴상하고 흉측스러워서 보기가 흉하다. 살아서는 질병과 진창(疹瘡; 홍역 부스럼)이 얽힌 바이며 죽어서는 부풀고 썩은 것이 계속하여 변괴되고 피부와 살이 문드러져서 나중에는 백골(白骨)만 남는다. 자신의 몸도 그러하고 타인의 몸도 역시 그러하다.

저 냄새나는 가죽주머니가 하나도 아름답거나 좋은 것이 없는데도 그 몸을 몹시 못내 사랑함이 들개가 썩은 뼈를 다투는 것 같고 파리가 썩은 시체를 붙좇는 것과 같다.

그와 같이 낱낱이 살펴 관(觀)하면 자기(自己) 몸과 타인(他人)의 몸이 모두 다 부정(不淨)하다.

깨끗한 것이라고 탐내고 좋아하나 그 부정한 것을 탐낼 것이 뭐 있겠는가. 그 관(觀)으로 말미암아 음욕(淫慾)을 능히 대치(對治)하고 탐내는 속박을 싫어하고 떠나서 마음이 아주 담박하여 내외(內外)의 경계에서 초연해진다. 몸이 부정하다고 관(觀)하는 것이 바로 그러한 것이다.

② 수(受)가 괴로운 것이라고 어떻게 관(觀)하느냐?

말하자면 모든 수(受)를 관찰하되 일체 향수(享受; 감각으로의 느낌)가 다 괴로운 것이라고 관(觀)할 것이니, 고수(苦受)는 덧괴로움(고고苦苦)이고 낙수(樂受)는 무너지는 괴로움(괴고壞苦)이고 사수(捨受)는 변화는 괴로움(행고行苦)이다.

일체 중생이 세간에 애착하여 벗어날 길을 찾지 않는 까닭은 세간(世間)에 좋은 향락이 있다고 알고 있기 때문이며, 현재에 비록 곤욕과 괴로움을 받으나 그래도 쾌락이 미래에 있다고 믿기 때문이다.

지금에는 알았다. 즉 모든 향수(享受)가 고통이 아닌 것 없고 즐거움(樂)도 또한 괴로움이며 권세와 명리(名利)도 때가 되면 마침내 무너진다.

성(成)하면 반드시 쇠(衰)하게 되고 낙(樂)이 다하면 근심이 따른다. 그 원리가 순환하고 왕복하여 봄 가을이 교체하듯이 바뀐다.

그러므로 칼을 빼어 물을 베어도 물은 다시 흐르고, 술잔을 들고서 근심을 해소해도 근심이 다시 더한다. 낙(樂)을 구함이 더 간절할 수록 고통이 생기는 것이 더욱 많게 되나니, 탐내어 구함을 끊어서 고락(苦樂)을 둘 다 잊어버리는 것만 못하다.

고락을 둘 다 잊어버리면 구하거나 취할 것이 없게 되고,

구하거나 취할 것이 없으면 얻거나 상실함이 없게

되며,

얻거나 상실함이 없으면 슬픔과 기쁨이 없게 되고, 슬픔과 기쁨이 없으면 마음이 평등하게 되며,

마음이 평등해지면 편안하고 평화로우며,

편안하고 평화로우면 고요해지고 안정이 되나니.

그러한 즉 "수(受)는 괴로움이라"고 깊이 관(觀)하는 이는 모든 수(受)에 집착하지 않고 묘수(妙受)를 얻게 되나니, 그것이 "수(受)는 괴로움이라"고 관(觀)하는 것이다.

③ 마음은 무상(無常)하다고 어떻게 관(觀)하느냐?

말하자면 모든 식(識)이 인연의 차별에 의하여 찰나찰나에 변하고 달라진다.

모든 경계에 따라 작의(作意; 생각을 일으킴)함이 다르기 때문에 마음에 차별이 생긴다. 어느 때에는 탐심을 일으키고 혹 탐심 아닌 마음을 일으키기도 하며, 어느 때는 성내는 마음을 일으키고 혹 성 안 내는 마음을 일으키기도 하며, 어느 때에는 어리석은 마음을 일으키고 혹 어리석음 아닌 마음을 일으키기도 하며, 어느 때에는 산란(散亂)한 마음을 일으키고 혹 산란 떠나는 마음을 일으키기도 하며, 혹 고요하기도 하고 고요하지 않기도 하여 그와 같은 마음이 일어나거나 사라짐이 일정하지 않고 자주 대사(代謝)하여 찰나 찰나에 잠시도 쉬지 않나니 이것을 **"마음이 무상하다고 관하**

는 것이라"고 말한다.

중생들이 항상하다고 집착하는 것이 마음에 의하여 일어나니, 곧 "**그 마음이 항상한 것이 아님**"을 사무쳐 관한다.

능히 집착하는 그 마음은 항상하지 않는 것이 그와 같나니 집착함 그것인들 어찌 항상하랴. 이미 무상한 것을 알았으니 곧 믿고 보장할 게 없으며 애착할 것이 아니다.

환(幻)으로 생기고 환(幻)으로 사라지며 꿈이고 번개이고 이슬이고 구름이고 물거품이니 집착할 것이 뭐가 있느냐. 집착이 이미 제거되매 탐내거나 그리워함이 영원히 그치게 되고 모든 것에 초연하여 벗어나는 도(道)를 얻게 되나니, "**마음은 무상하다고 관(觀)하는 것**"이 곧 이와 같다.

④ **법(法)은 아(我)가 없다고 관(觀)하는 것이란 무엇인가?**

아(我)는 주재(主宰)로서 그 작용이 자재함이고, 법(法)은 선법(善法)과 모든 번뇌를 함께 이름이니, 곧 선업과 악업 등의 원인이 된다.

모든 법(法)이 연(緣)에 의하여 생기기 때문에 오직 모든 법(法)과 연(緣)만 있을 뿐이지 아(我)의 주재(主宰)도 없고 자재함도 없다. 다만 모든 연(緣)에 따라 모든 법(法)이 생기게 되고 그로 말미암아 각각 다른

공능(功能)이 있어서 모든 업(業)을 짓는다. 그러므로 법(法)에는 아(我)가 없다. 그렇게 보는 것을 "법(法)은 아(我)가 없음을 관(觀)하는 것"이라고 한다.

법(法)은 아(我)가 없다고 관하는 이는 아집을 능히 쳐부수게 되나니, 아집이 이미 부서지매 세간의 근본이 곧 끊어지게 되어 나무에 뿌리를 제거하매 그 지엽(枝葉)이 나지 않는 것과 같다.

그 아집이 이미 제거되매 아소(我所)의 집착도 또한 떠나며 탐(貪)·진(嗔)·치(痴)·만(慢)인 모든 번뇌가 의지할 곳이 없게 되어 혹(惑)이 없어지고 업(業)이 없어지고 모든 괴로움도 또한 없어지나니, 그를 "법은 아(我)의 작용도 없다고 관(觀)하는 것"이라고 한다.

문(問): 어떤 사람이 묻기를, "신(身)·수(受)·심(心)·법(法)이 무상(無常)한 즉 모두가 다 무상하고, 무아(無我)인 즉 모두가 다 무아이고, 부정(不淨)한 즉 모두가 다 부정하고, 괴로움인 즉 모두가 다 괴로움인데, 어찌하여 사념주(四念住)에서는 몸은 부정하다고 관(觀)하며 내지 법(法)은 무아(無我)라고 관(觀)하는가?"

답(答): 수행에는 방편이 "가장 현저하여 두드러진" 도리를 처음 관(觀)하게 되면 곧 입문하기 쉽기 때문이다. 왜냐하면 일체 부정함이 피와 살로 된 몸 보다 더한 것이 없나니, 똥오줌이 늘 흐리고 농액과 땀내가 항상 난다.

하루 아침에 숨이 끊어지면 그의 악취와 추예를 볼 수 없이 정말 흉하다. 그러나 수(受) 따위의 부정함은 몸의 부정한 것보다 미미하다. 하물며 몸의 부정함을 관(觀)함에 의하여 괴로움과 무상함과 무아인 관(觀)들이 그 부정관(不淨觀)에 수반하여 따르게 됨이랴. 그러므로 부정함을 관(觀)하는 것이 몸에서부터 처음 시작하게 되는 것이다.

모든 고통이 모두 받아들이는 수(受)에 붙따르니 그 수(受)로 말미암아 받아들이기 때문이다.

수(受)가 없으면 그 괴로움인 고통을 무엇이 느끼겠는가. 또 수(受)에 의하여 애착하는 사랑을 일으키나니, 그러므로 "수(受)는 괴로움이라"고 관(觀)하면 애착이 나지 않는다.

그 처음 관(觀)함에 있어서 수(受)는 괴로움이라고 할 뿐이고 몸 따위는 곧 괴로움이 아니라고 말하지는 않는다.

하늘과 땅과 해와 달이 위치와 시간이 정해졌고, 풀과 나무와 곡식들이 차츰차츰 생장하므로 오랜만에 보면 변하는 것이 보이고 잠시 동안에는 항상한 것처럼 보이는 것과 같다.

그러나 찰나 찰나에 전변(轉變)하고 머물러 있지 아

니하여 곧 일어났다가 곧 사라지는 것은 마음 생각보다 더 빠르게 변하는 무상(無常)이 더 이상 없다.

또 처음 마음공부를 할 때에 항상 마음을 집중시켜서 생각을 마음 집중시킴에 두고 있어도, 마음은 더욱 집중이 되지 아니하여 선악(善惡)의 마음이 분요(紛擾)함과 탐(貪)과 진(瞋)이 번갈아 일어나는 것이 닦기보다 더욱 분요한 것 같다.

닦지 않을 적에는 괜찮은 것 같으나 닦을 적에는 더 혼란하고, 끊지 않을 적에는 괜찮은 것 같으나 끊으려고 할 적에는 더욱 끊기가 어려워지는 것 같다.

만약 그런 때에 폭로(暴怒)하거나 회심(灰心; 마음을 싸늘하게 식힘)하면 곧 더욱 병나고 피곤하게 된다.

그러나 저 심의(心意)가 분요(紛擾)할 적에 그것이 더 무상하다고 곧 관(觀)하면 분요하는 생각이 더하는 반면에 **무상관(無常觀)**은 더욱 드러나게 될 것이니, 그 무상함을 밝게 보는 것이 곧 바르게 알아보는 **정지견(正知見)**인 것이다.

바르게 알아보는 것이 일어나면 뒤바뀐 소견이 없어지고 번뇌가 나지 아니하여 마음이 고요해지나니, 그것이 어찌 약(藥)으로 인해서 병(病)이 생기고 병(病)으로 인하여 약(藥)을 얻게 되고, 약(藥)으로써 병(病)을 제거하매, 병(病)도 없어지고 약(藥)도 떠나게 되는 묘한 법이 아니겠느냐. 이 무상을 관(觀)하는 것이 그 마음을 관(觀)하는 것이다.

"마음은 무상(無常)하다"고 관(觀)하는 것과 같이, "법(法)도 무아(無我)이다"라고 관(觀)하는 것 역시 그러하다. 수행의 중요성은 악(惡)을 끊고 선(善)을 닦는 것뿐이다.

그러나 선(善)을 닦기가 쉽지 않고 악(惡)을 끊기도 어렵다. 선(善)을 고집함이 지나치면 선(善)이 도리어 허물을 이루고, 악(惡)을 억제함이 심할수록 번뇌는 더욱 더하나니, 옛사람이 이른바 **"도(道)가 한 자쯤 높으면 마(魔)는 한 길쯤 높으며, 선(善)과 악(惡)이 서로 싸우면서 종일 쉬지 않는다"**는 그 도리이다.

호랑이가 구속을 당하매 그 울부짖음이 어떻겠느냐. 원숭이를 매어 놓으매 틈만 있으면 곧 날뛴다. 그처럼 범부들이 "아(我)가 있다"고 고집할 경우에 곧 그의 심중에 오뇌함과 번민함이 어떻겠는가? 오직 저 선(善)과 악(惡)이 서로 싸워 교전할 때에 곧 제법(諸法)이 무아(無我)임을 관(觀)한 것이니 "선(善) 그것이 이미 나로부터 짓는 것이 아니라 인연에 따라 생긴 것이며, 악(惡)도 또한 나로부터 짓는 것이 아니라 사세(事勢)에 따라 이루어진 것이다"라고 관(觀)할 것이다.

그러한 선악(善惡)의 경쟁이 더욱 심할수록 **제법무아(諸法無我)**의 관(觀)은 더 명확해진다. 아(我)를 고집하지 아니하매 모든 혹(惑)이 의지할 곳이 없어져서 사라지고, **무아관(無我觀)**이 더 명확해지매 착한 법이 더욱 순수해진다. 그 약(藥)과 병(病)20)이 상생(相生)하는 이치가 바로 그런 것이다.

세상 사람이 크게 어리석어 무지한 것으로는, 아(我)를 고집하면서 선(善)을 닦는 것보다 더한 것이 없나니, 그는 선(善)과 거리가 더 멀어진다. 그리고 아(我)를 고집하여 악(惡)을 지으면 그 악은 더욱 친근하게 마련이다.

무아(無我)를 통달한 사람은 소극적으로는 악법(惡法)에 얽히거나 근심하거나 두려워하지 않고 적극적으로는 집착함이 없고 상(相)없이 선(善)을 닦는다.

그러므로 해와 달이 밝으매 마괴(魔魁)가 자취를 감추고 때맞춘 단비가 내리면 곡식이 잘 자라는 것과 같다. 방편(方便)의 선교(善巧)가 **법무아(法無我)**를 관(觀)하는 것보다 더 좋은 것이 없다.

그러므로 이 사념주에(四念住) 네 가지 의미(四義; 부정, 괴로움, 무상, 무아)로써 그 4가지 법을 따로따로 관(觀)하게 한 것이다.

그를 오래오래 닦으면 그 현실과 물질이 없는 것을 곧 알게 되고 무상(無常)도 무아(無我)도 부정(不淨)도 괴로움도 아닌 도리를 또한 알게 된다.

---

20) 약(藥)은 관(觀), 병(病)은 번뇌(煩惱)를 비유한 것이다.

외도(外道)의 수행하는 사람들은 그 마음을 억지로 집중시키려고 하며 혹은 그릇된 생각을 하거나 허망한 생각을 하나니 억지로 집중시키는 것은 죽은 물, 마른 나무와 같고, 그릇된 생각을 하는 것은 악견(惡見)과 사마(邪魔)에 떨어지게 된다.

우리 부처님께서는 그 제자들에게 사념주를 닦게 하여 방편선교로써 염(念; 즉 定)과 혜(慧)를 함께 닦고 지(止)와 관(觀)을 둘다 잘 공부하게 하셨으니 인천도사(人天導師; 부처님의 다른 이름)의 수승한 가르치심이 참으로 당연하고 위대하다. 사념주를 닦아서 모든 일에 정관(正觀)을 얻은 후에는 다음 네 가지 정근(正勤)을 닦아 익혀야 한다.

(2) 사정근(四正勤)

사정근(四正勤)이란 사정단(四正斷)이라고도 말하나니, 부지런히 정진하여 모든 업장(業障)을 끊는다.

첫째는 이미 생긴 악(惡)을 끊기 위하여 부지런히 정진(精進)함이요,

둘째는 아직 생기지 않은 악(惡)을 생기지 않게 하기 위하여 부지런히 정진함이요,

셋째는 아직 생기지 않은 착한 법을 생기도록 하여 부지런히 정진함이요,

넷째는 이미 생긴 착한 법은 상실하지 않고 더 닦아 익혀서 원만하게 하고 더 증가되게 하고 넓고 크게 하기 위하여 부지런히 정진함이다.

첫 번째는 끊을 법에 의욕을 갖고서 악(惡)을 끊고 도(道)를 증득하기를 희망하며,

두 번째는 채찍질하고 가다듬어서 겁내거나 후퇴함이 없으며,

세 번째는 부지런한 정진으로 가행을 더 일으키며,

네 번째는 마음이 가라앉은 것을 경책하여 일으키며,

다섯 번째는 마음이 들뜨는 것을 멈추게 한다.

그렇게 하여 그 마음이 일체 번뇌에게 오염되지 않게 하나니 그러므로 **정단(正斷)**이라고 말한다.

　사정근(사정단)에서는 부지런히 선(善)을 닦는 것으로 그 자성이 된 것이니 선법(善法)을 부지런히 닦으면 불선(不善; 즉 惡)**이 저절로 끊어진다.**

　첫째는 율의(律儀)로 끊음이니 율의를 닦음으로 말미암아 이미 생겼던 악법(惡法)을 끊게 됨이요,

　둘째는 끊음으로 끊음이니 아직 생기지 아니한 악(惡)을 다시 영원히 끊기 때문이요,

　셋째는 닦아 끊음이니 선법(善法)을 닦아 익혀서 나타나게 하기 때문이요,

　넷째는 방호(防護)하여 끊음이니 방일(放逸)하지 아니하여 그 선법이 상실되는 것을 철저히 방호하여 더욱 광대하게 하기 때문이다.

　선법(善法)을 닦고 악(惡)을 끊은 다음에는 사신족(四神足)을 닦나니 그는 곧 네 가지 **삼마지(三摩地; 정定)**이다.

(3) 사신족(四神足)

사신족이란 욕(欲)삼마지[21]와 근(勤)삼마지와 심(心)삼마지와 관(觀)삼마지이다.

말하자면 수승한 희망과 바른 원력과 의욕으로 정(定)을 얻기 때문에 **욕(欲)삼마지**라고 하며,

부지런한 정진으로 정(定)을 얻기 때문에 **근(勤)삼마지**라 하며,

지(止)를 닦아서 들뜨는 도거(掉擧)를 저지하고 마음이 가라앉거나 너무 지나친 정진을 경책하여 마음이 안정되게 하기 때문에 **심(心)삼마지**라고 하며,

지관(止觀)과 진리대로 작의(作意)함을 닦아서 모든 법을 사유(思惟)하여 마음이 안정되게 하기 때문에 **관(觀)삼마지**라고 한다.

다시 여덟 가지 끊고 행함을 닦아서 삼마지를 원만하게 하고 수면(隨眠; 깊은 혼미, 혼란의 상태로 빠지게 하는 것, 즉 번뇌를 말한다)을 아주 없애나니 ①은 욕(欲), ②는 정근(正勤), ③은 신(信), ④는 안(安), ⑤는 념(念), ⑥은 정지(正知), ⑦은 사(思), ⑧은 사(捨)이다.

자세한 설명은 유가론, 중변론에 있다. 네 삼마지를 사신족(四神足)이라고 말한 것은 그 정(定)이 능히 혜(慧)를 내고 또한 신통(神通)을 발하나니 신통의 기반,

---

21) 삼마지는 정(定)이니 마음을 한 곳에 모아 산란하지 않게 하는 것이다.

의지처, 발이 되기 때문에 신족이라고 말한 것이다. 사신족을 얻은 후에는 오근(五根)을 닦는다.

(4) 오근(五根)

오근(五根)이란 곧 **신근(信根), 진근(進根), 근근(勤根), 염근(念根), 정근(定根), 혜근(慧根)**이다.

출세간법(出世間法)의 증상인(增上人)이 되므로 근(根)이라 하며, 또 신(信)은 능히 근(根)을 내고 근(勤)은 능히 염(念)을 내며 염(念)은 능히 정(定)을 내고 정(定)은 능히 혜(慧)를 내며 혜(慧)는 능히 출세(出世)의 열반(涅槃)을 증득(證得)하여 더더욱 증상(增上)하기 때문에 근(根)이라 말한다.

(5) 오력(五力)

오근(五根)으로 말미암아 사성제를 인가하고 청정하게 믿고 부지런한 공능을 발하여 생각을 모아 잊지 아니하고 심일경성(心一境性 즉 정정, 삼매三昧)에서 바르게 간택함을 발휘하여 사가행(四加行)의 처음 난위(煖位)와 정위(頂位)를 얻어서 무루(無漏)의 도(道)를 일으키며, 오근(五根)이 성숙되어 세력과 능력이 있어서 대치(對治)할 장애를 굴복시키고 없애며, 번뇌에서 굴복 당하지 아니하기에, 다섯 가지 힘(五力; 신信·진進·념念·정정定·혜慧)이라 말하나니, 곧 사가행위(四加行位)의 인위(忍位)와 세제일위(世第一位)이다.

오근(五根)과 오력(五力)을 닦아 성취한 후에 곧 가행위(加行位)하므로 말미암아 견도위(見道位)에 들어간다. 이 견도위는 7법으로 그 자체가 되었나니 곧 칠각지(七覺支; 칠보리분)이다.

(6) 칠각지(七覺支)

칠각지란 **택법(擇法), 정진(精進), 희(喜), 념(念), 안(경안輕安), 정(定), 사(捨)**이다. 도(道)를 보는(見道) 각혜(覺慧)는 그 칠법(七法)을 가지고 지분(支分; 갈래)를 삼기 때문에 각지(覺支)라고 말한다.

이 칠각지는 이법(二法)에 해당되나니, 택법(擇法)과 정진(精進)과 희(喜)는 관(觀)의 종류에 해당되고 안(安), 정(定), 사(捨)는 지(止)의 품종에 해당되고 념(念)은 두 품류에 통한다.

념(念)은 소의지(所依支)가 되고, **택법(擇法)**은 자체지(自體支)가 되고 **정진(精進)**은 출리지(出離支)가 되고, **희(喜)**는 이익지(利益支)가 되며 안(安), 정(定), 사(捨)

는 불염오지(不染汚支)가 된다.

안(安)으로 말미암아 염오(染汚)되지 않나니, 추중(麤重)한 허물을 능히 제거하고, 정(定)에 의지하므로 오염(汚染)되지 않나니, 그 정(定)에 의지하여 전의(轉依)를 얻기 때문이다.

사(捨)는 불염오(不染汚)하는 자체이니 탐심과 근심을 영원히 제거하여 그 자성이 오염되지 않기 때문이다.

이 칠각지는 사성제의 여실성(如實性)으로써 소연(所緣)을 삼거니와, 오근 따위 모든 법은 그 영상(影像)인 법(法)만을 인연하나니 그는 저 진실성(眞實性)을 실증하지 못했기 때문이다. 오직 칠각지만은 처음으로 저 진실성(사성제의 실성)을 증득했으므로 견도(見道)라고 말한다.

견도(見道)를 얻고서는 다음 수도위(修道位)에 들어가서 남김 없는 일체 번뇌를 끊고 욕(欲)을 떠나는 출세간법을 완전하게 증득하기 위하여 팔정도(八正道; 팔성도八聖道)를 닦는다.

(7) 팔정도(八正道)

팔정도(八正道)란 정견(正見), 정사유(正思惟), 정어(正語), 정업(正業), 정명(正命), 정정진(正精進), 정념(正

念), 정정(正定)이다.

① 정견(正見)은 견도(見道) 후에 일체 근본지(根本智)와 출세간지(出世間智)를 얻음이요.

② 정사유(正思惟)는 정견이 증가함에서 분별하는 사유(思惟)를 떠남이요,

③ 정어(正語)는 정견(正見)이 증가하여 좋은 사유를 일으켜서 가지가지 법다운 말을 말함이요,

④ 정업(正業)은 온갖 계율에 해당되는 신업(身業)·구업(口業)·의업(意業)이요,

⑤ 정명(正命)은 의식(衣食)따위를 여법하게 구하여 사명(邪命)의 법을 떠나고 정명으로 바르게 생활함이요,

⑥ 정정진(正精進)은 용감하게 닦아 성도(聖道)를 부지런히 닦는 것이다.

정근(正勤)을 얻는 이는 사념주(四念住)의 뛰어난 힘을 얻으므로 말미암아 뒤바뀜이 없는 9가지 행상(行相)인 정념을 체득하여 9종의 심주(心柱)를 얻나니 그를 ⑦정념(正念)과 ⑧정정(正定)이라고 말한다.

9종(種)의 심주(心柱)는 아홉 가지의 '마음이 머무는 법'이니 내주(內住)·등주(等住)·안주(安住)·근주(近住)·조순(調順)·적정(寂靜)·최극적정(最極寂靜)·전주일취(專注一趣)·등지(等持)로서 〈대승기신론해동소(大乘

起信論海東疎)〉제6권과 〈유가론〉 제30권에 자세한 설
명이 나와 있다(여기서는 생략함).

이 팔정도는 육지(六支)로 말하기도 하고 삼학(三學)
을 분류하기도 하나니 말하자면,
　정견(正見)은 분별(分別)해 주는 **분별지**,
　정사유(正思惟)는 타인(他人)을 가르쳐 보이는 **회시
타지(誨示他支)**,
　정어(正語)·정업(定業)·정명(正命)은 타인(他人)에
게 믿도록 하는 **영타신지(令他信支)**,
　정정진(正精進)은 번뇌장(煩惱障)을 청정케 하는
정수번뇌장지(淨隨煩惱障支),
　정념(正念)은 수번뇌장(隨煩惱障)을 청정케 하는
정최승공덕장지(淨最勝功德障支)이다.

위에서 말한 것은 육지(六支)로 본 것이며, 삼학(三
學)으로 분류하는 것은 다음과 같다. 또 팔정도(八正
道)가 삼학에 해당되나니 정견·정사유·정정진은 **혜
(慧)**에 해당되고, 정어·정업·정명은 **계(戒)**에 해당되
고, 정념·정정은 **정(定)**에 해당된다.
　그 계, 정, 혜로 말미암아 출세간의 공덕을 성취하
며 삼계(三界)의 모든 번뇌를 영원히 끊고 출세간의
무루성과(無漏聖果)를 영원히 증득하나니 성인이 되는
길이므로 팔성도(八聖道)라고 말한다.

경계는 본래 일어남이 없이 내 마음으로 인해서 있다는
것을 안다면 그것을 만법유식萬法唯識이라고 한다.
일체법은 마음으로 귀결하기 때문에 일체만법은
내 마음으로 귀결하는 데 불과한 것이다. 또한
마음은 본래 일어남이 없는데 대상경계 때문에 있다는
것을 안다면 만법은 오직 내 행동하는 모습일 뿐이다.
일체법은 행동으로 귀결하는 데에 불과한 것이다.
- 지관수행

제4장 결론

위의 37가지 도품(助道品)이 십법(十法)으로써 그 자체가 되었으니 정진(精進8), 정(定8), 혜(慧8), 념(念4), 계(戒3), 신(信2), 경안(輕安1), 희(喜1), 사(捨1), 사유(思惟1)이다.

정진(精進)의 8은 사정근(四正勤) 넷과 진근(進根)·진력(進力)·정진각지(精進覺支)·정정진(正精進)이고,

정(定)의 8은 사신족(四神足) 넷과 정근(定根)·정력(定力)·정각지(定覺支)·정정(正定)이고,

혜(慧)의 8은 사념처(四念處) 넷과 혜근(慧根)·혜력(慧力)·혜각지(慧覺知)·정념(正念)이다.

념(念)의 4는 오근(五根)·오력(五力)·칠각지(七覺支)·팔정도(八正道)에 각각 있는 념(念)이고,

계(戒)의 3은 정업(正業)·정명(正命)·정어(正語)이고,

신(信)의 2는 근(根)과 력(力)에 각각 있는 신(信)이고, 그 외는 말을 아니 해도 알 수가 있다.

사념주(四念住)의 지혜의 불과 사정근(四正勤)의 불

을 더 타오르게 부치는 정진의 바람과 정(定)으로 계속 걷는 행보(사신족四神足)와 뿌리를 내리는 오근(五根)으로 그 힘이 증장하여 마범(魔梵) 따위가 발호하지 못하게 하고 굴복을 받게 되는 오력(五力)으로 깨닫는 칠각지와 그 깨달음에 의하여 바른 길이 열리고 성인(聖人)이 되는 팔정도(八正道), 즉 팔성도(八聖道)인 것이다.

일곱 종류(사념주 따위)의 순서는 처음에 법을 듣고서 마땅히 염지(念持; 즉 사념주四念住)할 것이며, 다음에는 곧 부지런히 닦고(사정근四正勤), 부지런히 닦으므로 마음을 거두어 조유(調柔)가 되고(사신족四神足), 조유하므로 믿음 따위가 뿌리를 이루고(오근五根), 그 뿌리가 증상하여 힘이 되고(오력五力), 칠각으로 법을 잘 알아서 분간하며(칠각지七覺支), 팔정으로 바르게 행할 것이다(팔정도八正道).

그를 **비유(比喩)로 말하자면 우리 마음인 법성(法性)은 땅과 같고, 사념주는 종자와 같으며, 사정근은 그 종자를 땅에 심는 것과 같고, 사신족은 그 종자가 싹이 트는 것과 같으며, 오근(五根)은 그 뿌리가 내리는 것 같고, 오력(五力)은 줄기와 잎이 자라는 것 같으며, 칠각(七覺)은 보리수의 아름다운 꽃이 피고, 팔성도는 그 꽃에서 좋은 열매인 정과(正果)가 맺는 것과 같다.**

위의 사제(四諦)에서 고제, 집제는 세간(世間)의 과

(果)와 인(因)이 되고 멸제, 도제는 출세간(出世間)의 과(果)와 인(因)이 된다.

여기에서 결과인 과(果)를 먼저 말하고 원인인 인(因)을 다음에 말한 것은 범부 중생이 고(苦)를 싫어하고 두려워하기 때문에 포고발심(怖苦發心; 괴로움을 두려워하여 발심함)을 강조하기 위하여 세간의 현실, 사실인 것부터 말한 것이다.

그 고통을 벗어나려면 발심(發心)하여 도(道)를 닦으면 고통을 해탈하는 열반의 과위(즉 멸제滅諦)를 얻게 된다는 것이다.

병을 잘 고치는 의사가 병의 상태(苦)를 먼저 관찰하고 다음에 병의 원인(集)을 살피고, 그 다음에 병이 낫는 좋은 약을 먹게 하나니 고제(苦諦)는 병과 같고 집제(集諦)는 병의 원인과 같으며 멸제(滅諦)는 병이 낫는 것 같고 도제(道諦)는 병을 고치는 좋은 약과 같다.

과거 세상에 모든 중생들이 이미 이 진리(四諦法)로 말미암아 해탈을 얻었고, 미래의 모든 중생들도 응당 이 진리로 말미암아 해탈을 얻을 것이며, 현재의 모든 중생들도 또한 이 진리로 말미암아 해탈을 얻게 되나니, 이 거룩한 진리를 놓아두고 따로 해탈을 구한다면 그는 외도(外道)의 도당이며 악마의 권속이니 그는 세상에서 완전한 해탈을 얻고자 하나 마치 꿈속에서

잠꼬대하는 것 같아서 이룰 수 없을 것이다.

십이인연은 직접적으로 고제·집제에 관한 법문이라면 육바라밀은 멸제·도제에 관한 직접적인 법문이다. 그러나 사제법은 그 두 가지 법을 완전히 구비한 표본이 되는 근본법이라고 말할 수 있다.

부처님의 가르침에서는 오온(五蘊)·십이처(十二處)·십팔계(十八界)·십이연기(十二緣起)와 사제법을 관찰하여 현관(現觀), 작증(作證)해서 생공(生空; 즉 아공我空)인 무아(無我)의 진리를 증득하여 계속 생기는 번뇌장(煩惱障)을 능히 끊어버리고 삼계 육도의 혹(惑)·업(業)과 고(苦)인 세 가지 잡염을 영원히 벗어나 성문(聲聞)의 보리와 연각(緣覺)의 보리와 유여의 열반(有餘依涅槃)과 무여의 열반(無餘依涅槃)을 능히 증득(證得)하면 그를 **세간의 해탈구경(解脫究竟)**이라고 한다.

그리고 여기에 한 몸의 집(集)과 고(苦)를 해탈하여 보리 열반을 혼자만이 증득했으나. **법공무아(法空無我)의 진여(眞如) 본성**을 증득하지 못하면 대자비(大慈悲)와 대원력(大願力)이 없으므로 능히 일체중생을 널리 제도하여 모두가 열반에 들게 하지 못하며, 위 없는 바르고 두루한 바른 깨달음인 성불(成佛)을 능히 얻게 하지 못한다.

그는 소승(小乘)의 성과(聖果)는 증득(證得)했으나 최상이 아니고 또한 광대하지 못하지만, 위대한 보살들은 자비가 위대하고 지혜가 위대하며 수행이 위대하고 과(果)도 또한 위대하다.

그러므로 육바라밀을 닦고 매우 깊은 반야(般若)를 다시 닦아서 위없는 정등(正等)·정각(正覺)을 성취하며 법공을 사무쳐 알아서 중생들을 널리 제도해야 한다. 그러한 도리를 잘 밝힌 것이 곧 〈반야심경〉이다.

사물과 나는 원래 둘이 아니니
삼라만상이 거울에 비친 상처럼 똑같구나
밝고 밝아 주체와 상대를 초월하고
분명하고 분명하여 진공眞空을 깨쳤네
한 몸에 많은 법을 지님은
제석천의 법그물에 얽힌 듯 한데
겹겹이 쌓인 끝없는 뜻은
움직임과 고요함에 모두 통하구나.
—공실도인空室道人

제2부 반야심경 경문주해부

제1장 전단: 인법人法을 총설하시다

본경(本經)을 해석하기에 앞서, 먼저 요강(要綱)을 판석한다. 반야심경은 크게 전후 양단으로 나눈다. 전단은 인법(人法)을 총체적으로 드러냈다. 즉 안으로 진공(眞空)을 증득하고, 모든 고액(苦厄)을 제도(濟度)함이다. 후단은 밖으로 법상(法相)을 드러내며, 이생(利生: 부처님이나 보살이 중생을 교화하고 이롭게 함)을 선설하셨다.

제1절 반야의 인법人法

관자재보살이 깊은 반야바라밀을 행하실 때,
觀自在菩薩 行深般若波羅蜜多時,

전단(前段)의 시작이다. 관자재보살이란 무엇인가? 보(菩)는 곧 보리를 말함이니, 깨달음[覺]을 뜻한다. 살(薩)은 곧 살타이니, 그 뜻은 유정(有情)[22]이다. 두 자

---

22) 유정(有情)은 산스크리트어의 sattva, 곧 중생(衆生)을 뜻한다. 구역(舊譯)에서는 중생이라 번역하였으나, 현장스님 이후의 신역에서는 이를

를 합하여 보살이라 함은 곧 "깨닫는 이"를 말한다. 세간(世間)의 유정은 어리석고 미혹하지만, 보리살타는 능히 스스로 깨달으며, 나아가 능히 타인을 깨닫게 한다. 그러므로 "깨닫는 이"라 하는 것이다. 스스로 깨닫는 것을 지혜(智)라 하고, 남을 깨닫게 하는 것은 자비[悲]라고 한다. 자비와 지혜가 함께함이 곧 보살의 성품이다.

보살은 여러 종류의 과위(果位)23)가 있다. 과위의 높고 낮음에 따라, 깨달음의 깊고 얕음에 차이가 있다. 십지(十地)24)를 이루기 이전의 보살은 여래의 성스러운 가르침에 의지하여 불법을 믿고 공부하며, 제법(諸法)을 관찰하나, 아직 진각(眞覺)을 이룬 것은 아니다.

유정이라 번역하였다. 유정 곧 중생은 비단 인간만을 지칭하는 것이 아니라, 생명 및 감정을 가지고 생사에 윤전하는 모든 존재를 지칭한다.

23) 화엄경에서는 보살의 수행차제를 52과위로 분류하고 있다. 처음에 십신(十信)의 과위를 얻고 이어서 십신(十信), 십주(十住), 십행(十行), 십회향(十廻向)을 증득한 후, 비로소 십지(十地)의 과위를 얻는다. 십지 이후에는 등각(等覺)과 묘각(妙覺)의 과위를 통해 부처님의 과위(果位)를 증득하는 것이다. 이렇듯 불법 공부의 과정은 끝없는 정진이고, 한순간의 깨달음이란 것은 결국 (다음 과위를 위한) 수행의 시작임을 명심해야 할 것이다.

24) 십지(十地): 보살이 수행하는 과정에서 거치는 52위 가운데 제41위로부터 제50위까지의 계위(階位). 부처의 지혜를 만들어 내고 온갖 중생을 짊어지고 가르치고 이끌어서 이롭게 하는 지위에 이르는 것으로, 보살 초지 환희지(歡喜地), 제2지 이구지(離垢地), 제3지 발광지(發光地), 제4지 염혜지(焰慧地), 제5지 난승지(難勝地), 제6지 현전지(現前地), 제7지 원행지(遠行地), 제8지 부동지(不動地), 제9지 선혜지(善慧地), 제10지 법운지(法雲地) 따위가 있다.

초지(初地)25)를 이룬 이후에는 법성(法性)을 관찰하게 되며 진각(眞覺)을 이루었다. 그러나 구생번뇌(俱生煩惱)와 소지(所知)의 두 가지 장애26)가 남아있어 현행(現行) 간에 섞여 있는 상태다. 이런 이유로 법성을 관하더라도 아직 자재(自在)하지 못하다.

팔지(八地) 이후에는 두 가지 장애를 영원히 조복(調伏)한다. 두 장애가 현세에 얽힘이 다시는 일어나지 않으며, 무상을 진실로 관하게 되고[無相眞觀], 더 이상 보탤 계행이 없으며[無有加行], 다시는 장애로 인한 중단이 없으며, 오래도록 상속하게 되니, 이를 관자재(觀自在)라 한다. 또한 대신통(大神通)을 얻으며, 위덕(威德)에 막힘이 없으며, 뜻에 따라 관찰하면 모든 상이 현전(現前)하여, 땅을 물이나 금으로 바꾸는 등 승해(勝解)가 자재하니, 이 또한 관자재라 한다. 이와 같은 자재를 구족(具足)한 보살을 이름하여 관자재보살이라 이름하는 것이다. 곧 관자재보살은 공(空)을 비추

---

25) 십지(十地) 중의 제1지(第一地)를 말한다. 일지는 환희지(歡喜地)라고 하며, 처음으로 참다운 중도(中道)의 지혜를 내어 불성의 이치를 보고, 견혹(見惑)을 끊으며 능히 자리이타(自利利他)하여 희열에 가득 찬 경지이다.

26) 번뇌를 일으키는 두 가지 근본 장애[이장二障]를 말한다. 첫째 구생번뇌장(俱生煩惱障)은 모든 유정의 중생들이 생사에서 벗어나지 못하고 삼계 오취를 윤전하게 되고, 그로 인하여 '나'라는 것에 집착함[아집我執]으로서 발생하는 모든 번뇌를 말한다. 둘째 소지장(所知障)이란 탐진치 등 온갖 어리석음을 유발하는 혹(惑: 미혹)을 말하며, 이로 인하여 제법의 진여실성(眞如實性)을 깨닫지 못하게 된다.

어보고 괴로움[苦]을 영원히 떠나버리신 존재다.

"행심반야바라밀다시(行深般若波羅蜜多時)"의 뜻을 살펴보자. 반야는 지혜를 뜻하니, 의심을 끊고 사리를 분별하는 성품이다. 이 지혜에도 차별이 있고 또한 여러 종류가 있으니, 범속의 지혜는 어리석고 편협되어 반야라 이름하지 않는다. 십지 이전의 지혜는 가르침에 의지하여 승해(勝解)하나 유루(有漏)하고 깊이가 없다. 혹여 나중에 지혜를 얻어서 세간에 상통하여 무루(無漏)의 성품을 얻을지라도, 이 역시 깊지가 아니하다. 출세간의 지혜는 본래 분별이 없는 지혜[根本無分別智]이며, 법을 증득하고 실상(實相)을 드러내므로 이름하여 "깊은 반야[深般若]"라 한 것이니, 항상하는 유정(恒情)을 벗어나고, 부사의한 경지이다.

바라밀다는 "피안에 이른다(到彼岸27))"고 번역한다. 진여법성(眞如法性), 자성열반(自性涅槃)을 이름하여 피안이라 한다. 지혜가 그곳에 도달하여 직접 증득을 하므로 "피안에 이른다"고 하며, 또한 "도(度)"라고도 하는 것이다.

---

27) 도피안(到彼岸)과 도피(逃避)를 혼동하지 말아야 한다. 발음상의 유사성과 불교에 대한 오해로 인하여 양자를 혼동하여 인식하는 경향이 있다. 도피는 일을 당함에 피하고 도망하려는 소극적 개념이다. 반면에 도피안은 진리를 궁구하고 이상을 실현하려는 적극적, 능동적 개념이자, 본문에서도 확인할 수 있듯이 부처님이 이루신 최고의 경지를 가리키는 개념이다.

피안에 이르는 방법에는 혜시(惠施), 정계(淨戒), 안인(安忍), 정진(精進), 정려(精慮), 반야(般若)의 여섯 가지 法[28]이 있다.

첫째, **혜시(惠施)란** 재물을 아끼지 않는 법이다. 유정을 애민(哀愍: 불쌍하고 가엾게 여김)하고, 법·재물·용기 따위들을 베풀어 재액과 고통으로부터 중생을 구제하고 이익과 즐거움을 얻게 하는 것이므로 혜시라고 하는 것이다.

혜시에는 세 가지가 있으니, 곧 재시(財施), 법시(法施), 무외시(無畏施)이다.

재시는 굶주림과 추위 등의 고통으로부터 구제하는 것이며,

법시는 어리석고 망령된 모든 삿된 견해를 제거해 주는 것이며,

무외시는 고난과 뜻밖의 재앙으로부터 구제해 주는 것이다.

〈대보리론〉에서는 이를 삼시(三施)라 칭한다.

둘째, **정계(淨戒)란** 지(止)와 율의(律儀)에 의지하여 좋지 않은 것을 멀리하고, 모든 선법(善法)을 닦으며,

---

28) 이른바 보살 수행의 육도(六度), 또는 육바라밀로 보시(布施), 지계(持戒), 인욕(忍辱), 정진(精進), 선정(禪定), 지혜(智慧)를 말한다. 여기서는 원문을 살려 다른 표현을 사용하였으나, 그 의미에는 다름이 없다.

자신과 사물을 바르게 하고, 유정(有情) 중생을 이익되게 제도하는 것이니, 이름하여 정계라 한다. 정계에는 다시 세 가지가 있으니 곧 율의계(律儀戒), 섭선법계(攝善法戒), 요익일체유정계(饒益一切有情戒)이다.

율의계란, 부처님이 정하신 금계[禁戒]를 준수하여 악행을 멀리하고, 또한 모든 욕행(欲行)을 떠나며, 악도(惡道)의 원인을 뿌리 뽑으며, 출리인(出離因: 번뇌의 속박에서 벗어나는 근원)을 닦으며, 몸과 말과 뜻과 업이 모두 바른 것이다.

섭선법계란, 모든 청정하고 바르고 착한 행위[白淨善]와 육도(六度)와 사섭법(四攝) 등 제보살행(諸菩薩行)을 섭수하여 부지런히 닦는 것이다.

요익일체유정계란, 모든 유정을 보살펴 이익되게 하고, 자비로 중생의 어려움을 살피며, 중생을 제도하기 위해 온갖 난행의 선교방편(善巧方便)을 기꺼이 행한다.

성문(聲聞)의 정계는, 단지 율의에 의지하고 불선(不善)을 멀리하는 것을 궁구(窮究)할 뿐이다. 그러나 무릇 보살은 이 세 가지를 모두 구족하였을 때, 비로소 계(戒)를 구족하였다고 이름한다.

셋째, **안인(安忍)이란** 수행을 할 때, 바른 방법을 행하고, 온갖 고통을 인내할 줄 아는 것이다. 또한 타인에게 능욕을 당하더라도 자비와 관용을 베풀며, 심법의(深法義)에 있어 승해(勝解)가 결택(決擇)하고 심지(心志)가 굳건하다. 설령 거스름이 있어도 동요하지 않고 위험에 처해도 평지를 가듯 평온하며, 괴로움이 닥쳐도 안온하니, 이런 이유로 안인(安忍)이라 하는 것이다.

안인에는 다시 세 가지가 있으니, 즉 안수중고인(安受衆苦忍), 내타원해인(耐他怨害忍), 법사승해인(法思勝解忍)이다.

넷째, **정진(精進)이란**, 심행(心行)이 용맹하고, 능히 무량선법을 섭수하며, 일체의 유정을 이익되게 하고 안락하게 하고, 전도(轉倒)됨이 없는 것이다. 치열하게 정진하면 수승한 공덕을 얻고, 승선(勝善)을 이루니, 그런 이유로 이름하여 정진이라 한다. 여기에 역시 세 가지가 있으니,

① 환갑정진(擐甲精進): 서원이 견고하고 수행이 용맹하여 물러남이 없는 것이다.

② 섭선법정진(攝善法精進): 모든 선법을 섭수하고 부지런히 닦아 일체를 성취하는 것이다.

③ 요익유정정진(饒益有情精進): 남을 이익되게 하기 위하여 용맹정진하여 성취를 얻는 것이다.

다섯째, **정려(靜慮)란** 모든 보살이 대승의 보살장법(菩薩藏法)에 의지하는 것이다. 문(聞)과 사(思)를 먼저

닦아 묘하고 선한 출세간의 지관선정(止觀禪定)을 얻는다. 이 선정은 마치 목석과 같이 초췌하고 적막한 그러한 것이 아니며, 또한 번뇌가 산동(散動)하여 더럽혀진 것도 아니다. 고요한 가운데 능히 사려하고, 사려함으로써 더욱 고요해진다. 그러므로 정려라 하는 것이다.

역시 세 가지가 있으니,

① 현법낙주정려(現法落住靜慮): 정려를 얻는다는 것은 심신이 가볍고 편안해지고, 모든 번뇌로부터 벗어나게 되는 것이니, 이는 안락(安樂)이 상주(常住)하기 때문이다.

② 능인보살등지공덕정려(能引菩薩等持功德靜慮): 지정려(止靜慮)에 의지하여, 이를 통해 해탈, 승처(勝處), 편처(遍處), 사무애해(四無礙解), 무정(無諍), 여섯 가지 원지(願智)의 신통(神通)29)과 십력무외(十力無畏)30) 등 수승한 공덕을 얻는다.

③ 요익유정정려(饒益有情靜慮): 지정려에 의지하여, 끝없이 유정 중생에게 이익되도록 닦고 배운다.

여섯째, 위의 다섯 가지 법이 **반야**의 因이 된다. 오도(五度)를 닦아 계(戒)·정(定)·자비(慈悲)·공덕(功德)

---

29) 뜻하는대로 일체의 지혜를 얻음. 관세음보살이 구족한 天眼通, 天耳通, 他心通, 宿命通, 神足通, 漏盡通 등 여섯 가지 신통력을 말한다.
30) 부처님의 열 가지 힘[十力]과 네 가지 두려움 없음(四無畏)을 말한다.

의 구경을 얻고, 다시 法空의 지혜가 일어나는 것을 자세히 관찰하여야 한다. 이 다섯 가지 바라밀[五度]은 반야의 권속이요, 육도(六度)를 온전히 닦으면 공덕이 장엄하고, 반야의 용(用)이 구족(具足)함을 성취하게 된다. 진실로 열반이라는 피안을 현증(現證)함은 오직 반야를 통해서이고, 이 반야를 능히 이루게 하는 것은, 오도(五度)에 달린 것이다. 그러므로 이 여섯 가지 바라밀을 모두 구족해야 "피안에 이른다" 이름하는 것이다. 한편 오직 반야를 통해서만이 오도(五度) 역시 무루(無漏)의 출세선법(出世善法)을 이룰 수 있다. 고로 이 여섯 가지를 통칭하여 바라밀[度]이라 하는 것이다.

행심반야(行深般若)를 말하자면, 행(行)은 수습(修習)을 말함이니, 즉 수행, 혜시 등과 같은 것이다. 반야를 이룬다 함은 지정려(止靜慮)에 의지하여 근본무분별지(根本無分別智)를 올바로 일으키는 것이니, 이름하여 행심반야바라밀다라 한다. "시(時)"라 함은 지혜가 현전(現前)에 일어나는 때를 말하는 것이다.

간절 절切자

공부를 하되, 본래 갖추어진 큰 이치[本具底大理]를
밝히지 못하면, 곧 생사심生死心을 깨뜨리지 못하고
생사심을 깨뜨리지 못했을진대는 무상살귀無常殺鬼가
생각생각 멈추지 않으리니, 생사를 파破破하려는 마음이
간절懇切해야 한다. 마음씀이 참으로 간절하면
고인의 경지에 이르지 못할까 근심할 것이 없으며
생사를 깨뜨리지 못할까 걱정할 것이 없다.
-박산무이 선사博山無異禪師

제2절 반야의 소법所法

오온이 모두 공(空)한 것을 비추어 보고,
온갖 괴로움과 재앙을 건지느니라.
照見五蘊皆空 , 度一切苦厄。

마음과 마음작용의 법[心心所法]이란, 일어나면 반드시 쓰임이 있기 마련이라, 특히나 깊은 지혜가 일어날 때에는 반드시 대용(大用)이 있다. 여기서 "오온이 모두 공함을 비추어 보고, 일체의 괴로움과 재액을 건진다"고 설하는 것은 이런 이치다.

오온에 대해서는 이미 1부 통론에서 자세히 설명하였다. 그렇다면 **"모두 공하다"**는 것은 **어떤 의미인가?** 이를 위해서는 먼저 공(空)의 뜻을 올바로 알아야 한다. **공(空)이란 "없다[無有]"는 의미가 아니라, "실체(實體)가 없다"는 뜻이며, "자성(自性)이 없다"는 뜻이다.** 어째서 실체가 없고 자성이 없다고 하는 것인가? 유위법(有爲法)은 연(緣)에 따라 생성하니, 자재함이 없다. 연에 따라 차별이 생기니, 성품에 결정됨이 없다. 생하면 곧 멸하는 법이니, 곧 체(體)가 견고히 머무르지 못한다. 그러나 어리석은 범부들은 집착하기를 모든 유위법들이 실로 있고 상주하여 체성(體性)을 결정한다고 믿는 바, 이것들은 본래 있지 않은 것이다.

예를 들어 꿈속에서 본 산하(山河)와 인물 등의 상(相)을 놓고 말하자면, 그 환상(幻想)이 없는 것은 아니나 실체(實體)는 있지 아니하다. 그런데 만약 꿈의 경지가 실체성이 있다고 고집한다면, 그 사람은 어리석고 미혹함이 가련하기 그지없음을 알아야 한다. 또 예컨대 환술사가 코끼리와 마차 등 탈것을 환상으로 만들어낸 것을 보고 만약 그것들의 실성(實性)이 있다고 고집하는 자가 있다면, 이 또한 어리석기 짝이 없는 것이다. 세간의 모든 유위법은 몽환(夢幻)과 같은 것임을 알아야 한다. 환상이 있을 뿐이니 오온이 있다고 말하며, 실체는 없으므로 모두가 공하다 말하는 것이다.

이제 오온이 공하다는 경구에 대해 얘기하자면, 오직 오온의 성품이 공하다고 말하나니, 오온이 없다고 말하지 않는다. 그러므로 이 공(空)이란, 오온의 법을 깨부수는 것이 아니라, 오온의 진짜 성품[眞性]을 여실히 드러내는 것이다. 그 성품이란 무엇인가? 곧 공성(空性)이라 한다.

다른 경전에서 설하기를, "일체제법(一切諸法)은 모

두 같은 하나의 상(相)이니, 곧 무상(無相)"이라 하였다. 여기서는 이렇게 말할 수 있겠다: "일체의 유위법[一切有法]은 모두 같은 하나의 성품[性]이니, 곧 공성(空性)이다." 이 공성은 곧 법공무아진여실성(法空無我眞如實性)이다. 그 까닭은 무엇인가? 이 공성은 그 성품이 항상하고, 생멸이 없고, 변화와 차이가 없다. 그러므로 이름하여 진여(眞如)라 한다. 또한 이 법공무아진여실성은 오직 반야바라밀[慧度]로 만이 비추어 볼 수 있는 것이다. 반야바라밀은 능히 법의 실제(實際)를 현증(現證)할 수 있으므로, 성문, 독각의 혜(慧)와 다르다. 성문, 독각의 혜는 인공무아(人空無我)를 비추어 관찰하고 아집을 끊을 뿐이지만, 반야바라밀은 아집과 법집[我法二執]을 모두 능히 단멸한다.

"일체의 괴로움과 재액을 건진다[度]"는 경구의 뜻을 살펴보자: 고(苦)는 삼계세간(三界世間)의 모든 괴로움을 말하며, 현재에 받고[受] 있는 것이다. 액(厄)이란 고의 원인이 되며, 유정(有情)에게 머무르며, 중생을 괴로움으로 몰아가고, 괴로움으로부터 떠나지 못하게 하는 것이니, 곧 세간의 집제(集諦)가 빨아들이는 번뇌와 업이다.

어째서 오온이 모두 공함을 조견하면, 일체의 고와 액을 건진다 하는가? 일체 고의 쌓임[苦集]은 아집(我

執)이 연(緣)이 되어 일어나고, 아집은 다시 법집(法執)에 의지하여 일어난다. 그러므로 능히 오온이 모두 공함을 조견하게 되면, 법집이 제거되고 아집은 스스로 단멸한다.[31) 법집·아집이 단멸하면, 고집(苦集)은 그 뿌리가 없어진 것이니, 어찌 일체의 고액을 건짐이 없겠는가?

또한 일체고액은 망집(妄執)을 연(緣)하여 일어나는 것이니, 비유하자면 꿈속에서 본 온갖 악상(惡相)들과 같다. 즉 남에게 복수하고 가족을 원망하거나, 칼로 베이고 불에 데이고, 또는 탐욕의 세계에 빠지거나 애욕에 염착(染着)하는 등등. 이러한 것들이 모두 저 공(空)에 미칠 연(緣)이 되지 못하는데, 오히려 실로 있다는 것에 집착한 나머지 재액(災厄)을 받고 고통을 받는다. 만약 꿈에서 깨어나게 되면, 저 체성(體性)이 공임을 증득하게 될 것이니, 망상된 집착이 이미 제거되어 스스로 깨끗이 사라지게 되니 어찌 다시 고액이 있겠는가?

또한 모든 고액은 본래 실성(實性)이 없는 것으로, 오온에 의지하여 성립된 것이니, 오온이 공하다면 고액의 성품 또한 공한 이치이다.

---

31) 법집(法執)은 곧 유위법이 실재하고 항상하고 상주하다는 허망된 집착이니, 앞서 오온이 공함을 설명할 때 그것이 몽환과 같고, 공성임을 설명하였다. 아집은 법집에 의지하여 생긴다 하였으므로 법집이 사라지면 아집도 의지할 바가 없어 자연히 끊긴다는 의미다.

말하자면, 미워하고 증오하는 사람과 만나는 것이 괴로움이요[怨憎會苦], 사랑하는 사람과 헤어지는 것이 괴로움이요[愛別離苦], 구하나 얻지 못하는 것이 괴로움[求不得苦]32)이라 하였으니, 어째서 고인가? 원망하고 증오하므로, 사랑하므로, 탐하여 구하므로 고이다. 만약 유정이 자비관을 얻게 된다면, 다른 중생을 마치 자신의 몸과 같이 여기며, 일체의 잘못된 다툼이나 비방을 능히 감수하며, 저 중생의 고액을 보며 항상 중생의 이익과 제도를 생각하므로, 원한과 증오는 이미 존재하지 않으니, 만남이 어찌 고가 되겠는가? 그렇다면 미워하고 증오하는 사람을 만나는 것이 괴로움이라 하였을 때, 괴로움은 미워하고 증오함에 있는 것이다. 그러나 미워하고 증오하는 것은 본래 성품이 없는 것이니, 곧 괴로움은 스스로의 마음[自心]에서 비롯된 것이다. 마음은 허망하게 분별하므로, 이에 따라 원망과 증오가 생긴다. 원망과 증오로 말미암아 다시 괴로움이 생기는 것이니, 그러므로 미워하고 증오하는 이를 만나는 괴로움[怨憎會苦]이란 것은 그 성품이 본래 空임을 알 수 있다.

32) 팔고(八苦): 생(生), 노(老), 병(病) 사(死)의 사고(四苦)와 사랑하는 사람과 이별할 때의 고통인 애별리고(愛別離苦), 원망하고 증오하는 이를 만나는 마음의 고통인 원증회고(怨憎會苦), 구하는 것을 얻지 못하는 소유욕의 고통인 구부득고(求不得苦), 오온에 의한 인간의 제 조건을 취함으로 인해 생기는 고통인 오음성고(五陰盛苦)의 네 가지 고통을 합한 것을 말한다.

만약 모든 유정들이 골고루 자비를 베풀게 된다면, 그 어떤 유정에게도 과도한 애착을 일으킴이 없을 것이다. 또한 만남이 있으면 헤어짐이 있고, 헤어짐은 영원히 헤어지는 것이 아니며, 종국에 사멸하고 무너지는 것 또한 본래 없는 것임을 능히 알게 된다. 항상함도 없고 단절함도 없는 이치가 곧 은애(恩愛)와 이상(離喪)에 있을진대, 어찌 머리로 땅을 부딪히며 대성통곡하고 자책하며 생멸의 성품이 훼손됨을 슬퍼하고 비통해 하겠는가? 그런 즉 애별리고(愛別離苦)에서 괴로움이란 과도한 사랑에서 비롯된 것이다. 사랑은 스스로의 마음에 귀속된 것이지 사랑하는 대상에 있지 아니하다. 애별리고(愛別離苦)의 성품 역시 공(空)인 것이다.

만약 모든 유정이 욕심을 줄이고 만족을 알며, 담담하고 초연하며, 도(道)를 품고 스스로를 소중히 여기며, 영예와 이윤을 부러워하지 않으며, 세속의 삿된 유혹에 흔들림 없기를 마치 요임금이 영천 냇물에 귀를 씻듯 하고, 생활의 검소함이 마치 백이와 숙제가 수양산 고사리로 연명하듯 하며, 어짐을 구하여 어짐을 얻고, 원망도 없고 후회도 없으며, 천자는 신하를 구하지 않고 제후는 동맹의 벗을 구하지 않으며, 부귀를 보기를 마치 뜬구름과 같이 여기며, 천하를 버리기를 마치 헌신짝 버리듯 하니, 만약 이러하다면 어찌 갈구하나 얻을 수 없는 괴로움[求不得苦]이 있겠는가? 오직 어리석은 자만이 망상에 사로잡혀 몸을 던져 재물을 쫓으니, 재물을 탐내는 이는 재물로 인하여 죽고, 이름을 쫓는 이는 명예 때문에 목숨을 버린다.

천지 인생에 과연 필요한 것이 얼마나 되겠는가? 굴뚝새는 나뭇가지 하나로 집을 짓고, 두더지는 시냇물 한 모금에 배가 부른다 했으니, 그 이상 더 누릴 것이 있겠는가? 그러나 도리어 업을 지어 악을 행하게 되니, 예를 들어 득실에 따라 마음이 얽히며, 악한 성미를 함부로 부리며, 무소불위의 권세를 휘두르며, 가난에 쪼들려 우울하며, 세상을 걱정하고 비탄에 빠지고, 스스로 괴로워하거나 남을 괴롭히고, 공연히 고생을 찾아 나서서 그것을 괴로움으로 삼기도 한다.

구함 역시 자심(自心)에 속하니, 결코 외부에 있는 것이 아니다. 마음이 탐욕을 내기 때문에 구함이 많은 것이요, 갈구하나 얻음이 없으니 고로 괴로움이 생긴다. 설령 구하여 얻음이 있을지라도 그 잃음을 걱정하게 되고, 또 얻어서 잃음이 없을지라도 마음이 쓰여 이미 피로해진다. 얻어서 잃음이 없어도 근심이 날로 깊어지는 것이다.

삼계가 허망하니 오로지 마음이 짓는 바이다[唯心所造]. 구부득고의 성품 또한 공(空)이니. 진실로 고(苦)

의 성품이 본래 공임을 안다면, 모두 유심(唯心)의 변화이니, 능히 스스로를 돌이켜 구할 바이지, 외부의 물상(物相)을 따라갈 필요가 없다.

마음이 애증을 떠나면 이별하고 만나는 괴로움이 스스로 떠나고, 마음이 탐하여 갈구함을 떠나면 득실과 이해의 감정이 모두 떠나간다. 고로 마음에 능히 집착이 없어 물에 비친 달빛과 같이 초연하다. 설령 사방팔방에서 불어온 바람을 맞을지라도 적연하여 동요하지 않는다. 이는 곧 유심(唯心)의 경계에 도달한 것이요, 그러나 경계의 전환이 아니라 스스로 일체의 의혹을 떠난 것이니, 번뇌가 다시는 생기지 않는다. 의혹이 생기지 않으니 업 또한 일어나지 않는다. 잡염(雜染)33)이 모두 다하니 스스로 생사가 떠나가고, 또한 오온의 성품이 공(空)이므로 고(苦)가 실로 있는 것이 아님을 깨달아 알게 된다. 곧 생로병사에 대한 두려움이 사라지고 출리(出離)34)를 간절히 구하게 된다. 마찬가지로 열반과 해탈에도 족히 기뻐함이 없으며, 힘써 증득(證得)을 간구할 뿐이다. 이로써 보살은 능히 대비(大悲)로 만물에 이익을 주고, 자신을 버려 중생을 제도한다. 인계(人界)와 천계(天界)를 오가더라도 집착

---

33) "청정(淸淨)"에 대립되는 말로 선, 악, 무기(無記) 등 일체의 유루법(有漏法)을 말한다.
34) 과거 집착했던 대상에 대해 다시는 집착하지 않음.

이 없으며, 삼도(三途)35)의 나락에 빠져 출몰을 반복할지라도 근심이 없다.

지장보살님이 설하시길, "지옥이 아직 비지 않았으니, 잠시 성불을 미루리라. 중생이 모두 열반하고 났을 때, 비로소 보리를 증득하리라" 하였다. 대승의 정신과 보살의 원력이 진공(眞空)에 미치지 않고서야 어찌 이를 감당하겠는가? 묘하게 진공에 이르러야 비로소 광대한 원력을 품게 되는 것이다. 이것으로써 마음을 잡아 세우고 일체의 괴로움을 뽑아낸다. 이른바 일체의 고액이란 일체중생이 공유하는 고액을 말한다. 일체의 고액을 건진다는 말은, 일체중생이 하나도 빠짐없이 열반(涅槃)에 들어 멸도(滅度)하도록 돕는다는 뜻이다.

위의 전단(前段)에서 인법(人法)을 총괄하였다. 안으로 진공(眞空)을 증득하고, 모든 고액을 제도함을 선설하셨다. 보살은 공을 비추어 보고, 괴로움을 제도하는 자이며, 반야는 능히 비추고 능히 관찰하는 방법이다. 오온은 곧 비쳐지는 대상[所照]이요, 고액은 곧 제도될 대상[所度]이다.

---

35) 지옥, 아귀, 축생의 삼악도를 말한다.

마음이 애증을 떠나면 이별하고 만나는 괴로움이 스스로 떠나고,
마음이 탐하여 갈구함을 떠나면 득실과 이해의 감정이 모두 떠나간다.
고로 마음에 능히 집착이 없어 물에 비친 달빛과 같이 초연하다.
설령 사방팔방에서 불어온 바람을 맞을지라도 적연하여 동요하지 않는다.
이는 곧 유심唯心의 경계에 도달한 것이요,
스스로 일체의 의혹을 떠난 것이니, 번뇌가 다시는 생기지 않는다.

- 반야심경 통석

제2장 후단: 법상法相을 드러내고
이생利生을 선설하시다

여기서부터 후단(後段)에 해당한다. 외적으로 실상(實相)을 드러내고, 중생을 이익되게 함[利生]을 설법하는 대목이다. 이를 구체적으로 다시 다섯 부분으로 나누어 논의하면 다음과 같다.

첫째, 처음에 진공(眞空)을 드러내고 이것이 오온과 다른 것이 아니라고 한다. 곧 오온의 본성을 설하는 부분이다.

둘째, 공상(空相)이 상주(常住)하고 두루 통함[遍通]을 드러낸 부분이다.

셋째, 공성(空性)을 증득하는 부분으로 공이 오온과 같은 제상분별(諸相分別)을 떠난 것임을 밝힌다.

넷째, 반야로 무상과(無上果)를 얻음을 밝힌 부분이다.

다섯째, 반야의 신력(神力)이 무변(無邊)함을 밝힌 부분이다.

제1절 오온의 본성

사리자여![36] **색(色)은 공(空)과 다르지 않고, 공은 색과 다르지 않느니라. 색이 곧 공이며, 공이 곧 색이니라. 수·상·행·식이 또한 모두 이와 같느니라.**

舍利子! 色不異空, 空不異色. 色卽是空, 空卽是色. 受、想、行、識, 亦復如是.

　　이제 그 중 첫 번째 경문 내용을 살펴보자.

　　사리자는 부처님의 제자로서, 성문승(聲聞乘) 중 지혜제일이다. 어머니의 이름이 사리(舍利)이므로, 사리자(舍利子)라고 불리었다. 사리자는 이때 비록 생공(生空)[37]을 증득하였으나 법공(法空)을 아직 증득하지 못하였는데, 기연(機緣: 부처님의 가르침을 받을 인연)이 때에

---

36) 사리자, 즉 사리불이 갑자기 등장하는 것에 의문이 들 수 있다. 반야심경의 다른 역본인 '계빈국 반야·이언 공역'본을 보면, 본 경의 성립 배경은 석가모니 부처님께서 왕사성 기사굴산에서 법회를 열고 삼매에 드심에, 때에 맞춰 관자재보살이 깨달음을 얻으신 것이다. 이때 사리불이 관자재보살에게 "만약 깊은 반야바라밀다를 행하려는 이가 있다면 어떻게 수행해야 합니까?"라고 묻고, 이에 대한 관자재보살의 대답이 곧 본경의 주요 내용이다.

37) 중생이 오온과 허망하게 화합하여 실체가 없는 것. 인연에 따라 소생하는 법. 아공(我空) 또는 인공(人空)이라고도 말한다.

이르러 특별히 그 가르침을 받게 된 것이다.

색은 공과 다르지 아니하다는 것은, 오온과 공이 서로 다른 두 가지 것이 아님을 밝히는 것으로, 색과 같은 부류의 것과 별개로 공이 존재한다는 생각을 타파하려는 것이다. 만약 색과 별개로 공이 존재한다고 한다면, 곧 응당 색은 공이 아니며 공 또한 색이 아닌 것이니, 색이 생하므로 공이 멸한다거나, 색을 끊어 공을 이룬다고 말해야 할 것이다. 그러나 이는 공상(空相)38)을 잘못 이해하여 도교에서 말하는 완공(頑空)으로 여기거나 공에 대한 상견(常見) 혹은 단견(斷見)에 빠진 것이다. 그 까닭은 무엇인가? 공이 색과 다르다 하면, 그것이 곧 완공이라, 색의 체는 공이 아닐진데, 그렇다면 색이 응당 상주(常住)하여야 할 것이다. 또한 색을 단멸하여 공이 성립한다고 하면, 곧 공이 단멸을 이루었다 해야 할 것이다. 그러나 진공(眞空)의 성품을 보면 전혀 그렇지 아니하다.

색은 공과 다르지 않다고 함은, 색온(色蘊)과 법공(法空)은 실성(實性)이 없음을 밝히는 것이다. 공은 색과 다르지 아니하다고 함은, 이 공성(空性)이 색을 떠나서는 의지할 바가 없음을 밝힌 것이다. 즉 색온과 법공은 모두 실성이 없으며, 색(色)의 체(體)가 곧 공

---

38) 공(空)의 상태, 성질 내지 특징을 말한다.

(空)이다. 마찬가지로 색을 떠나서 따로이 공성이 있는 것이 아니니, 공은 곧 색에 있는 것이다.

이를 근거로 다시 말하자면, 색이 곧 공이고, 공이 곧 색이라, 색과 공이 이와 같으니, 수(受)·상(想)·행(行)·식(識)과 공의 관계도 마찬가지이다.

무릇 오온(五蘊)은 사(事)요, 공상(空相)은 이(理)니, 고로 색은 곧 공이다. 이(理)는 사(事)를 떠난 것이 아니니, 고로 공은 곧 색이다. 얕은 시각으로 사와 이를 보면, 공과 색이 다르다 하겠지만, 깊히 관찰하면, 즉색즉공(卽色卽空)이라 곧 색의 체(體)라는 것은 있는 것이 아니요, 즉공즉색(卽空卽色)이라 곧 공의(空義)가 없는 것이 아니다.

색이란 있는 것이 아니니, 이른바 환유(幻有)라 하고, 공은 없는 것이 아니니, 이른바 진공(眞空)이라 한다. 환유는 곧 언제나 집착이 있고, 진공은 스스로 단견을 떠난 것이다. 삼라만상은 결국 모두 공성이 드러난 것이요, 실상(實相)이 명현한 것이다. 어째서 그러한가? 제법(諸法)이 여여(如如)하여 계집(計執: 분별·집착)을 떠난 이유다.

제2절 공空의 본성

"사리자야. 제법의 공상은 나지도 멸하지도 않으며, 더럽지도 깨끗하지도 않으며, 늘어나지도 줄어들지도 않는다."
舍利子！是諸法空相，不生不滅，不垢不淨，不增不減。

다음으로 공상(空相)이 상주(常住)하고 두루함을 밝히고 있다. 제법공상에서 제법(諸法)은 곧 오온 따위를 말하고 공상(空相)은 오온 따위의 실성(實性)을 말한다. 오온은 유위(有爲)하니 고로 생멸이 있고, 공은 무위하니 고로 생멸이 없다. 오온은 차별이 있어 더럽거나 깨끗하거나 하지만 공은 차별이 없으니 더러움도 없고 깨끗함도 없다. 오온은 훈습하기 때문에 연(緣)에 따라 늘어나고 줄어듦이 있지만, 공은 수습(修習)과 끊김을 모두 떠난 것이므로 늘어남도 줄어듦도 없다. 그러므로 제법공상이 불생불멸하고 불구부정하며 부증불감하다고 한다.

어째서 그러한가? 모든 유위법은 상주하는 성품이 없고 연(緣)에 의지하여 태어난다. 태어나면 곧 이미 사멸함이라, 생과 멸에 그침이 없으며 전변하여 상속하며, 인과에 따른 환상의 세간(世間)으로 치닫는다. 만약 생멸이 없다면 유위(有爲)가 성립하지 않으므로 곧 오온이 없는 것이다. 그러므로 이 오온의 부류는 반드시 생멸이 있으니, 곧 생멸에는 항상함이 없기 때문이다. 실성(實性)은 완전히 공함이고 공성(空性)은 상주(常住)함이다. 유위는 곧 생멸하기 마련이라, 생멸은 그 성질이 공(空)이니, 그러므로 공상(空相)은 연(緣)에 의지하여 생하지 않는다. 또 생멸에는 끝이 없고 공상은 생멸에 의지하여 성립하는 것이니, 고로 공상은 사멸함도 없다. 태어남도 없고 사멸도 없다면 상주(常住)함이 아니고 무엇이겠는가?

　일체의 유위는 원인이 다른 이유로 그에 따른 결과가 다르며, 연이 다른 이유로 그 결과 역시 다르다. 온처(蘊處)가 다를 뿐 아니라, 다시 또 색과 수 사이에도 차이가 있다. 색(色)과 수(受)가 같이 아니할 뿐 아니라, 색은 또한 형태나 표지 간에 분류가 있고, 수는 또한 괴로움과 즐거움 같은 다름이 있다.

　또한 신·참·괴(信慚愧), 탐·진·치(貪瞋痴), 선(善)과 불선(不善) 같은 것들이 서로 상대하고 대립한다. 루(漏)와 무루(無漏)[39], 세출(世出)과 세간(世間) 등 전

---

39) 루(漏)는 마음에서 더러움이 새어 나온다는 뜻으로, 번뇌를 말한다.

상(轉相)40)의 장애와 치유에 따른 차별이 있다. 불선(不善)을 구(垢: 티끌, 더러움)라 하고, 선(善)을 정(淨: 깨끗함)이라 한다. 루(漏)는 구이고, 무루(無漏)는 정이다. 세간(世間)은 구이며, 출세간(出世間)은 정이다. 오온의 것들은 모두 유위법으로서 더러움과 깨끗함이 있다.

그러나 저 공상(空相)은 성품이 그러하지 않다. 오온은 비록 차별이 있으나 공상은 하나요, 구(垢)와 정(淨)은 비록 다르나 공상은 하나이다. 공은 선악이 없으며 물듬[염染]과 깨끗함[정淨]의 차별 또한 없다. 일체가 두루 일미인 성품[遍一切一味]이며, 세출과 세간에 두루 통하니 어찌 더러움과 깨끗함의 상(相)이 있을 수 있겠는가? 그러므로 얽매어도[전纏]41) 더럽지 아니하고, 얽매임을 떠나서도 깨끗함이 없다. 공상은 항상 두루하니, 구와 정을 따로이 할 수 없는 것이다.

모든 유위법에는 기왕에 구와 정의 차별이 있으므로 항상 상대적으로 위역함이 있다. 선법(善法)이 세력

그러므로 무루(無漏)는 번뇌의 더러움에 물들지 않은 마음 상태, 또는 그러한 세계를 의미한다.

40) 전상(轉相): 무명(無明)에 의해 마음이 움직임으로써 일어나는 인식 주관. 〈대승기신론〉에서는 전상을 구상차제(九相次第) 중의 두 번째인 능견상(能見相)으로 상정하고, 허망한 것을 보거나 인식하게 하는 일종의 눈병으로 비유하고 있다.

41) 중생의 마음을 속박하는 번뇌, 특히 근본번뇌에 부수적으로 일어나는 번뇌, 즉 수번뇌(隨煩惱)를 말한다.

을 얻으면 그 힘이 증가하고, 선법이 증가함에 따라 불선(不善)이 감소한다. 불선이 세(勢)를 얻으면 그 늘어남과 줄어듦 역시 마찬가지다.

선한 벗을 가까이 하고 정법(正法)을 청하여 들으며, 진리에 계합하여 마음을 쓰고, 정법에 따라 행동하고, 전전(展轉)하여 선법을 훈습하면, 곧 청정한 법[白法]이 끊임없이 증가하고, 해탈과 출리(出離)를 성취한다.

만약 악한 벗을 가까이 하고, 정법이 아닌 것을 들으며, 진실되지 않은 것에 계합하여 마음을 쓰고, 정법이 아닌 것에 따라 행동하며, 이를 전전하여 훈습한다면, 염법(染法)이 끊임없이 증가하게 되어 괴로움의 바다에 빠져 헤어나지 못하게 된다. 현재의 행[現行]에 이미 기복이 있으면, 종자 또한 훈습과 단절을 담게 된다. 이에 따라 모든 유위법에는 늘어남과 줄어듦이 있다.

그러나 저 공상은 항상하고 두루하므로, 일미의 성품이므로 지옥도 그와 같고, 인계와 천계도 마찬가지며, 삼계도 그러하고, 출리도 역시 마찬가지다. 범부라 해서 줄어들지 않으며, 성인이라 해서 늘어남도 없다. 부처님이 출세(出世)하더라도, 부처님이 출세하지 않더라도, 법성(法性)은 상주(常住)하고 법계(法界)가 안립

한다. 그러므로 공상(空相)은 늘어남과 줄어듦이 없다고 하는 것이다.

공상이 생멸도, 구정도, 증감도 없음을 통달하였으니, 제법(諸法)이 평등한 일미의 성품임을 참구한다. 제법이 평등한 일미의 성품임을 통달한 후에야 제법의 차별상(差別相), 분별심(分別心)이 모두 사라진다.

제3절 공성空性의 현증顯證

그런고로 공 가운데에 색이 없고, 수·상·행·식도 없다(오온이 없음-이하 원주原註). 안·이·비·설·신·의가 없으며, 색·성·향·미·촉·법도 없다(십이처가 없음). 안계 내지 의식계가 없으며(십팔계가 없음), 무명도 없고 무명이 다함도 없다(다함이란 멸滅을 의미한다). 또한 늙고 죽음도 없으며, 늙고 죽음이 다함도 없다(염정染淨, 십이연기十二緣起가 없음). 고·집·멸·도가 없으며(사성제가 없음), 지혜가 없다(능히 반야를 검증할 지혜가 없음). 얻음 또한 없으며(오온이나 공상이라 증명할 바가 없음), 고로 얻을 바도 없다(총체적으로 무상無相의 원인을 떠났으니, 색온 등 오온의 체성이 공하여 얻을 바가 없기 때문이다).

是故, 空中無色, 無受、想、行、識; 無眼、耳、鼻、舌、身、意; 無色、聲、香、味、觸、法; 無眼界, 乃至無意識界; 無無明亦無無明盡, 乃至無老死亦無老死盡; 無苦、集、滅、道; 無智, 亦無得, 以無所得故.

셋째, 공(空)을 현증(顯證)하여 오온의 제상분별(諸相分別)을 떠났다. 앞서 이미 색과 공이 다르지 않으며, 색이 곧 공이며, 색 가운데 공이 있고, 공 가운데에 색이 있음을 설하였다. 그러므로 〈변중변론辯中邊論〉에서 설하길, "허망분별하는 마음은 있으나, 이 마음에 둘이 없다. 여기(虛妄分別心)엔 오직 공이 있을 뿐이고, 저기(空)에 역시 이것(心)이 있다"라고 하였다. **어째서 여기 반야심경에서 다시 공 가운데 색이 없고 내지는 지혜도 없으며 얻음도 없다고 하는가?**

무릇 오온 따위는 공상의 의지처이며 차별을 만드는 사(事)이여, 공상은 만법에 공통으로 두루하고 통달하는 이(理)이다. 비록 사(事)와 이(理)가 서로 의지하여 항상 떨어지지 않지만, 사(事)에 집착할 때마다 그 이(理)를 잃어버리게 된다. 그러므로 범부는 아(我)에 집착하고 법(法)에 집착하며, 오직 분별하는 마음이 맹렬할 뿐 공상(空相)은 알지 못한다. 이(理)에 통달한 이는 사(事)에 초연하고, 그러므로 성인은 무아무법(無我無法)하며, 분별이 다하여 완전히 그치고, 사(事)를 대할 때 상(相)을 잊는다. 반야는 범부를 인도하여 성인의 경지로 이끄나니, 분별을 버리고 전체를 관하며 총체를 얻고 분별을 잊는다. 이것이 곧 공 가운데 색이 없고 내지 지혜가 없으며 얻음 또한 없다고 설하신 연유이다.

차별의 상으로 관하면 색·수·상 등이나, 온(蘊)·계(界)·처(處) 따위의 종종 분별이 있으나, 무차별로 관하면 곧 색수상 등, 온계처 등이 모두 동일한 공상이라, 다름이 없는 것과 같다. 이 제법공상(諸法空相)은 항상하고, 두루하고, 무생멸·구정·증감(無生滅垢淨增減)이고, 일체일미(一切一味)이므로 진실로 상주하는 진공이며, 얻을 바[所]와 얻음 자체[得]가 모두 없으니, 어찌 다시 색수상 등, 온계처 등, 내지 반야, 진공 등 종종분별이 있겠는가?

분별이 다하여 모두 떠났고, 제상이 다하여 떨쳐졌으면, 이후 실증(實證)하고 현관(現觀)하여 제법이 진성(眞性)임을 밝힌다. 진성(眞性)이란 무엇인가? 이른바 성품이 없음[無性]이다. 현관(現觀)이란 무엇인가? 관할 바가 모두 없는 것이다. 대저 오온의 부류가 존재하지 않을 뿐 아니라, 지(智)와 공(空) 또한 성립하지 아니한다. 어째서 그러한가? 오온은 본래 공이므로, 얻을 수 없는 것이기 때문이다.

부처님의 수승한 가르침이 이러할진대, 세속의 이치 또한 마찬가지다. 〈시경詩經〉에서 이르길, "뻐꾸기 뽕나무에 앉아 있으니, 그 새끼가 일곱이구나. 아름다운 군자와 같으니, 그 거동 한결같고, 그 거동 한결같네. 마음이 묶은 듯 단단하도다."

그 뜻은 어진 군자가 재위하면 공평함이 균일하여 백성을 대함에 차별이 없고, 마음에 고하(高下)를 두지 않으며, 삿된 곳에 치우쳐 정을 쓰지 않음이다. 뻐꾸기가 새끼에게 먹이를 줄 때, 새끼는 비록 일곱이지만, 자애로운 마음은 곧 하나라, 그러므로 사랑하고 증오하는 마음이 모두 일지 않으며, 기쁨과 노여움 또한 흔적이 없다. 그 거동이 이미 하나이니, 나라의 백성들이 귀향함이 마치 자식이 부모를 보는 것과 같아서, 상하가 서로 화합하여 하나와 같아 마치 아교와 옻과 같이 서로 갈라지지 아니하며, 대중의 뜻이 하나로 성(城)을 이루니, 그 마음의 결속이 매듭과 같이 단단하다.

공자가 이르기를, "하루라도 자기를 이기고 예로 돌아가면, 천하가 어짐[仁]을 따를 것이다."라고 하였으니, 만약 무릇 남에게 어질지 아니하면, 차별망계(差別妄計)를 꾸미고, 도당을 만들어 다른 이들을 배척하여 자기 편이 옳고 남은 틀리다 하며, 설령 친지 간일지라도 마치 서로 반란을 획책함과 같다. 장강(莊姜)의 편애가 골육간의 복수를 낳고42), 진시황의 폭정이 통

---

42) 장강(莊姜)은 본래 제 나라의 공주로 천하제일의 미녀이자, 중국 최초의 여류시인으로 유명하다. 그녀는 위나라 장공과 혼인하였는데, 이후 자식을 보지 못하고 장공의 관심에 밀려나서 불운한 삶을 살았다. 비록 제 자식은 아니지만 장공의 첩이었던 대규의 아들을 끔찍이 아껴 돌보았는데, 그가 바로 위환공으로 후일 형제간의 피튀기는 권력투쟁의 주

일천하의 붕괴를 야기하였다.

　장자가 이르길, "같은 곳에서 바라보니 만물이 일체이며, 다른 곳에서 바라보면 서로 가까이 있어도 원수와 같이 적대하게 된다."라고 하였다. 분별지심(分別之心)으로 바라보면 본래 같은 것도 모두 달라지고, 무분별지심(無分別之心)으로 바라보면 다름 역시 모두 같은 것으로 보이는 까닭이다. 보살이 능히 반야로서 관조하면, 만법의 성품이 공인 것이니, 어찌 다시 또 오온 따위의 제법을 구하겠는가?

인공이 된다.

제4절 반야의 인因과 무상과無上果

보리살타는 반야에 의지하여 깨달음의 언덕으로 건너가나니, 그러므로 마음에 걸림이나 장애가 없고, 걸림이나 장애가 없으니 두려움도 없다. 전도된 몽상을 멀리하고 궁극의 열반을 참구한다. 삼세의 제불이 반야에 의지하여 저 열반에 도달하였으며, 아뇩다라삼먁삼보리를 얻었느니라.

菩提薩埵依般若波羅蜜多故, 心無罣导; 無罣导故, 無有恐怖, 遠離顚倒夢想, 究竟涅槃. 三世諸佛依般若波羅蜜多故, 得阿耨多羅三藐三菩提.

넷째, 혜도(慧度, 즉 반야바라밀)로 무상과(無上果)를 얻음을 밝혔다. 과(果)에는 두 가지가 있다. 그 하나는 단멸의 과[斷果]이니 곧 열반이다. 다른 하나는 지혜의 과[智果]이니 곧 보리다.

(1) 반야의 인으로 단멸의 과를 얻음

열반에는 다시 네 가지가 있으니 자성(自性), 무주(無住), 유여의(有餘依), 무여의(無餘依)이다. 이승(二乘:

성문聲聞과 연각緣覺)은 단지 유여의와 무여의를 얻을 뿐이지만, 대승보살은 무주까지 얻는다. 자성열반(自性涅槃)은 범부들에게도 모두 내재되어 있는 것이니, 곧 법진여(法眞如)가 자성인 까닭이다. 그러나 모든 범부들은 내재하나 증득하지 못하고, 성문과 연각은 생공진여(生空眞如)를 부분적으로 증득할 뿐이다. 대승보살은 이공진여(二空眞如: 我空眞如와 法空眞如)를 모두 증득한다. 네 가지 열반을 모두 증득하는 것은 오직 대승 뿐이라.

이것을 단과(斷果)라 하는 이유는 번뇌장(煩惱障)을 단멸하였기 때문이며, 이로써 유여의와 무여의를 증득한다. 번뇌장(煩惱障)과 소지장(所知障)의 이장(二障)을 모두 끊었으므로 무주(無住)를 증득한다. 일말의 잡념(雜染)이라도 아직 남아있고, 일말의 집장(執障)이라도 아직 제거되지 아니하였다면, 아직 저 열반의 구경에 이르지 못한 것이다. 그러므로 이 열반을 이름하여 단과라 하는 것이다.

단과는 어떠한 법을 인(因)으로 삼는가? 지혜 바라밀을 인(因)으로 삼는다. 어째서 그러한가? 지혜 바라밀을 통하여 일체의 법공(法空)을 증득하기 때문이다. 법공을 증득하면 아집과 법집의 이집(二執)이 일어나지 않고, 이집(二執)이 일지 않으면 번뇌장과 소지장의 이장(二障)이 자연히 단멸한다. 그러므로 이 단과는 반야로 인(因)을 삼는다고 하는 것이다.

이제 이런 도리로 말하자면, 보리살타는 반야바라밀다[43]에 의지하나니, 그런 까닭으로 마음에 장애나 걸림이 없고, 장애나 걸림이 없으니 두려움이 없으며, 전도된 몽상을 멀리하고, 구경의 열반에 이른다. 법(法)의 체(體)가 공(空)임을 증득하였고, 분별심이 환화(幻化)와 같음을 알게 되었으며, 모든 탐착을 떠나고 마음이 숙연하여 경계에 피로한 마음이 생기지 않으므로 마음에 장애나 걸림이 없는 것이다. 장애와 걸림이 없으므로 근심과 희열이 모두 떠나고, 얻음과 잃음의 감정이 다하여 사라지며, 두려움이 남아있지 않다. 무릇 어리석음[痴]으로 말미암아 탐심이 생기나니, 탐심으로 인하여 근심이 생기고, 근심으로 인하여 다시 두려움이 생기는 것이다.

예를 들자면 꿈속에서 환상의 경계가 일어날 때, 어리석음[우치愚痴]이 집착심을 내어 환상을 실재하는 것이라고 고집한다. 실재로 있다고 집착하므로 애착이 일어나고 탐착이 일어난다. 이것은 곧 꿈의 경계에 걸리고 막힘이 있는 것이다. 탐하고 갈구함은 마음먹은 대로 성취되지 아니하니 곧 전변(轉變)하여 근심과 슬

---

43) 곧 혜도(慧度). 지혜 바라밀.

픔을 낳는다. 근심과 슬픔이 극에 달하면 돌연히 두려움이 성립하니 곧 꿈의 경계에 굴복하고 마는 것이다. 꿈의 경계는 실재가 아니요 오로지 스스로의 생각으로 생긴 것이니, 생각은 그 실체가 없고 오직 (실재한다고 믿는) 전도(轉倒)만 있을 뿐이다. 이 전도된 몽상으로 말미암아 혹・업・고(惑業苦)의 세 가지 장애가 일고, 왕복하며 순환한다.

꿈이 이와 같을진대, 깨달음[覺] 또한 같은 이치다. 부처님이 말씀하시길 생사는 긴 꿈과 같으니, 모두 전도된 생각에 따라 생긴다 하였다. 깨달음은 마치 꿈에서 깨어나는 것처럼, 뒤집힌 생각이 스스로 떠난 것이다. 대각(大覺)을 성취하면 생사가 다하여 영원히 사멸한다. 그러므로 전도된 몽상을 멀리 떠나게 되며, 곧 구경의 열반에 이르는 것이다.

(2) 반야의 인으로 보리의 과를 얻음

보리에는 다시 세 가지가 있으니, 성문보리, 독각보리, 아뇩다라삼먁삼보리이다. 보리란 각(覺), 즉 깨달음을 말하며, 삼(三)은 정(正)을 의미한다. 먁의 의미는 등(等)이고, 뇩다라란 상(上), 아(阿)는 무(無)를 의미한다. 곧 아뇩다라삼먁삼보리는 무상정등정각(無上正等正覺)이다. 각(覺)은 삿되이 전도된 것이 아니므로 정(正)

이라 하는 것이며, 그와 다름은 외도(外道)이다. 아공(我空)과 법공(法空)의 이공(二空)을 모두 구족하였으므로 등(等)이라 하고 그와 다름은 성문, 연각의 이승(二乘)이다. 상(相)을 떠나 진관(眞觀)을 얻었으니 다시 정(正)이라 하고 그와 다름은 지전(地前)44)이다. 각은 원융과 궁극의 이(理: 圓極)를 증득한 것이니, 무상(無上)이라 하였고, 그와 다름은 십지보살(十地菩薩)이니, 오직 부처님·여래만이 증득할 수 있는 것이므로 무상정등정각(無上正等正覺)이라 하는 것이다.

이처럼 보리는 반야로 인(因)을 삼으니, 체(體)가 곧 지혜(智)라. 그러므로 인위(因位)는 반야를 수행함이요, 공덕은 원극(圓極)이며, 과(果)는 보리이니. 여기에 어떤 차이가 있는가? 인은 곧 훈습(熏習)하면 배로 증가하고, 하품·중품·상품, 전·후에 따라 각기 다르다. 과(果)는 이미 구경에 이르렀으니, 다시는 훈습할 것이 없으며 일미평등(一味平等)하다. 인(因)은 곧 장애를 끊음과 진리를 증득함에 전후 차별이 있고, 과(果)는 이미 장애를 끊음이 다하였으니 다시는 단멸함이 없으며, 진리를 증득함이 이미 극에 달하였으니, 항상 원만하고 밝다. 인(因)은 단지 육식(六識)과 칠식(七識)에

---

44) 보살수행의 과정 중, 십지(十地) 이전의 수행 과위를 말한다. 다시 말해서 십지 중 첫 번째 과위인 초지(初地)의 전단계를 말하는 것이다. 십지는 보살수행 52과위 중의 최종 단계를 말한다.

머물러 묘관찰지(妙觀察智)와 평등성지(平等性智)를 얻을 뿐이지만, 과(果)는 곧 팔식(八識)에 상응하여 대원경지(大圓鏡智)와 성소작지(成所作智)를 얻으니 일체를 모두 이룬 것이다. 인(因)은 아직 이숙신(異熟身)[45]에 의지한 것이고, 과(果)는 곧 오직 무구신(無垢身)[46]에 의지할 뿐이다.

아뇩다라삼먁삼보리의 뜻을 해석하려면 그 의미가 너무도 오묘하여 이루 다 말할 수가 없다. 여기서는 더 이상의 상세한 설명은 하지 않겠다. 이 보리는 오직 여래만이 증득할 수 있기에 본 경에서 설하길 "삼세제불이 반야바라밀다에 의지하여 아뇩다라삼먁삼보리를 얻었다"고 하신 것이다.

혹자는 묻는다. "단과(斷果)와 지과(智果)가 모두 과위에 함께 한다면, 모두 여래의 과(果)일진대, 어찌하여 보살의 구경열반과 여래의 무상보리를 나누어 설하는가?"

---

45) 원인과 다른 성질로 성숙된 몸체. 유식론에서 말하는 아뢰야식, 즉 제팔식이다. 진(眞)과 망(妄)이 공존한다고 하여 진망화합식(眞妄和合識)이라고도 하며, 본래 깨끗한 것이 드러나 있지 않고 감추어져 있다고 하여 장식(藏識)이라고도 한다.
46) 청정무구한 몸, 즉 깨끗한 몸이라는 뜻으로 여래의 몸을 말한다. 제구식 아마라식의 별칭이다.

답하자면, 무명[障]이 다하면 곧 열반이고, 지혜[智]가 꽉 차면 곧 보리이다. 먼저 무간도(無間道)를 얻고 나서 해탈도(解脫道)47)를 성취하는 것이며, 무명(無明)을 끊은 후에 진제(眞諦)를 증득하는 것이니, 선과 후가 이미 다르다. 그러므로 열반은 보살의 과위에 속하고, 보리의 시작은 여래에 속한 것이다. 대저 무명을 끊는 것은 아직 보살 경지의 일로, 그러므로 아직 행할 바가 있는 것이고, 지혜가 가득 참은 곧 여래의 경지라 덧붙여 행할 바가 없는 것이다. 금강도(金剛道)를 성취한 이후에 이숙식(異熟識)은 공(空)하고, 무구식(無垢識)이 생한 후 비로소 원경지(圓鏡智)가 일어난다 했으니48), 이 역시 각기 인(因)과 과(果)로 나뉘어 해당하는 이치다. **능히 단멸하거나 능히 성취하는 것은 모두 반야에 해당하니, 곧 보살에 속한 것이다. 이미 단멸하고 이미 모두 성취함은 모두 과위(果位)에 해당하니 이는 곧 모두 여래에 속한 것이다. 상호 간에 응대하여 말하자면, 인과는 서로 떠나지 아니하니, 처음[因]을 보살(菩薩)이라 칭하고 나중[果]을 제불(諸佛)이라 칭한다.** 여기엔 한치의 어긋남도 있을 수 없다.

---

47) 번뇌로부터 해탈하는 4단계의 수행과정인 사도(四道) 중의 단계. 가행도(加行道)·무간도(無間道)·해탈도(解脫道)·승진도(勝進道).
48) 현장법사(玄奘法師)의 〈팔식규구송(八識規矩頌)〉에서 설한 내용이다. 보살이 제팔식인 아뢰야식마저 버리고 불과(佛果)를 얻는 단계에서의 수행차제를 설한 부분이다.

신령스런 광명이 홀로 빛나서 靈光獨耀
근진을 멀리멀리 벗어났으니 逈脫根塵
본체本體는 진상眞常을 드러내어서 體露眞常
언어문자를 빼앗지 않네 不拘文字
마음의 성품은 물듦이 없어 心性無染
본래 스스로 완벽히 이뤄져 있으니 本自圓成
오로지 망연妄緣만 여의면 但離妄緣
곧바로 여여한 부처님이라네 卽如如佛
-고령신찬古靈神贊선사

제5절 반야의 신용神用

그러므로 알아야 할지니, 반야바라밀다는 대신주이며, 대명주이며, 무상주이며, 무등등주이며, 일체의 고통을 멸하며, 진실로 허망하지 않다. 이제 반야바라밀다주를 설하노니.

아제아제 바라아제 바라승아제 보리사바하

故知般若波羅蜜多, 是大神呪, 是大明呪, 是無上呪, 是無等等呪, 能除一切苦眞實不虛, 故說般若波羅蜜多呪, 卽說呪曰:

"揭帝 揭帝 般羅揭帝 般羅僧揭帝 菩提僧莎訶"

다섯째, 반야바라밀의 신력(神力)이 끝이 없음을 드러냈다. 범어(梵語)로 다라니라 하는 것은 총지(總持)를 말하는 것으로, 구역(舊譯)으로는 "주(呪)"라 하였다. 다라니는 적은 문구를 통하여 많은 가르침을 섭수할 수 있다. 또는 적은 뜻으로 만사만물의 뜻을 아우를 수 있다. 또한 다라니를 수지할 경우, 그 원력을 통해 불보살의 가피가 유정 중생의 재난과 우환을 제거해주며, 주문의 한 자 한 자 모두 신이와 영험이 깃들어, 그 공덕에 헛된 손실이 없다. 혹은 승의(勝義)는 곧 무의(無義)라, 주문의 뜻을 일일이 헤아리지 않는 가운데에 깊은 사유를 통하여 보살인(菩薩忍)을 성취할 수 있다. 이는 곧 총지(總持)에 네 가지 종류가 있음을 말한 것이니, 즉 법다라니(法陀羅尼), 의다라니(義陀羅尼), 주다라니(呪陀羅尼), 능득보살인다라니(能得菩薩忍陀羅尼)에 해당한다.

반야바라밀다 다라니는 곧 능득보살인다라니에 해당하며 모든 다라니 중에 신력이 가장 크다. 어째서 그러한가? 모든 다라니는 유정의 신체와 경계로부터 비롯된 모든 재환(災患), 즉 각종 병고와 귀신, 천재(天災), 인재(人災) 등을 척결하고 중생을 보호해 준다. 이 지혜바라밀은 능히 유정의 몸뿐만 아니라 마음의 일체 괴로움[苦]을 제거해준다. 괴로움은 업(業)으로부터 생겨나고, 업은 혹(惑)으로부터 일어나며, 혹(惑)은 제법(諸法)의 실상(實相)을 알지 못하기 때문에 생긴다. 반야는 공(空)을 관조하며, 법의 실상을 증득하며, 망상이 다하여 제거되니, 혹업(惑業)이 생기지 않으며, 일체의 고뇌와 재횡(災橫)이 영원히 떠나가 버렸다.

그러므로 경(經)에서 설하길, "그러므로 마땅히 알지어다. 반야바라밀다는 대신주(大神呪)이며, 대명주(大明呪)이며, 무상주(無上呪)이며, 무등등주(無等等呪)이다"라고 하였다. 능히 네 가지 마[四魔]⁴⁹⁾를 조복시키

니 대신주(大神呪)라 이름한다. 각(覺)이 어리석음[우치
愚痴]을 비춰 환하게 하므로 대명주(大明呪)라 이름한
다. 공덕이 지극히 높으니 무상주(無上呪)라 한다. 위
력이 광대하니 무등등주(無等等呪)라 한다. 그 이상 견
줄 것이 없고, 또한 (모든 부처님이) 평등히 가지는
능력을 이름하여 무등등(無等等)50)이라 한다. 이는 곧
지혜 바라밀의 위력에 끝이 없음을 밝히는 것이다.

어째서 그러한가? 능히 일체의 괴로움을 제거할 수
있음은 진실로 허망한 것이 아니기 때문이다. 일체의
괴로움이란 곧 신심(身心) 상의 일체대고(一切大苦)요,
삼계(三界) 생사(生死)의 일체대고이며, 모든 유정(有
情) 중생들의 일체대고이다. 이러한 것들은 모두 능히
제거할 수 있는 것이므로, 능제일체고(能除一切苦)라
이름한다.

법의 실상을 증득하는 것은 허망을 꿰뚫어 보고 깨
부수는 것이다. 그러므로 진실불허(眞實不虛)라고 이름
한다. 진실이 허망하지 않기 때문에 일체의 괴로움을
제거할 수 있다. 모든 괴로움을 제거할 수 있기 때문

---

49) 중생을 괴롭히고 수행을 방해하는 네 가지 마장. 온마(蘊魔)·번뇌마
(煩惱魔)·사마(死魔)·천자마(天子魔).
50) 무등등(無等等, asamasama)이란 여래의 존칭 중 하나이다. 여래는
번뇌가 다하고 신력이 광대함이 여타 보살의 과위와 비할 바가 아니므
로 무등(無等)이라 하고, 다시 부처님들의 과위는 모두 동등하고 평등
하므로 등(等)이다. 그러므로 무등등(無等等)이라 하는 것이다.

에 신력이 무변하다. 혹은 이 신용(神用)51)이 괴로움을 제거하는 것이 모두 참으로 실재하고 허망하지 않으니, 그러므로 진실불허라고 하는 것이다.

기왕에 신용(神用)을 드러냈으니, 이어서 주문(呪文)에 대해 말하겠다. "아제아제" 등등의 주문 내용에 대해서 혹자는 그 문의(文義)를 섣불리 따지고자 하여 결과적으로 잘못된 해석을 덧붙이곤 한다. 그러나 **명심해야 할 것은 반야의 법의 체(體)가 공함을 증득하는 것은 모두 분별을 떠난 것이니, 응당 모든 다라니의 구문(句文) 역시 무의(無義)라, 그 뜻이 본래 공한 것이다.** 이를 모르고 공연히 뜻을 구하려 하는 것은 언어도단이라 심행(心行)의 길을 끊어버리는 짓일 뿐이다.

그러므로 아제아제는 곧 아제아제이고, 바라아제는 곧 바라아제이며, 바라승아제는 곧 바라승아제이고, 보리사바하는 곧 보리사바하이다. 망령되게 뜻을 덧붙이는 것은 모두 마설(魔說)에 해당하는 것이다. 대저 분별을 일으키는 것은 반야가 아니니, 다라니를 한번 더 독송하는 것으로 마무리를 대신한다.

"아제아제 바라아제 바라승아제 보리사바하"

---

51) 신명(神明)의 작용을 말함이니, 여기서는 다라니의 용(用), 곧 영험한 힘을 의미한다.

반야심경 통석

1판 1쇄 펴낸 날 2020년 6월 26일

초역 원조각성 스님 **편역** 제안용하 스님 / 오중철 거사
발행인 김재경 **편집 · 디자인** 김성우 **교정** 이유경 **제작** 경희정보인쇄

펴낸곳 도서출판 비움과소통
　　　　경기도 파주시 하우고개길 151-17 예일아트빌 103동 102호(야당동 191-10)
　　　　전화 031-945-8739 팩스 0505-115-2068
홈페이지 blog.daum.net/kudoyukjung **이메일** buddhapia5@daum.net
출판등록 2010년 6월 18일 제318-2010-000092호

© 제안용하, 2020